# 今日のまかない

皆川明

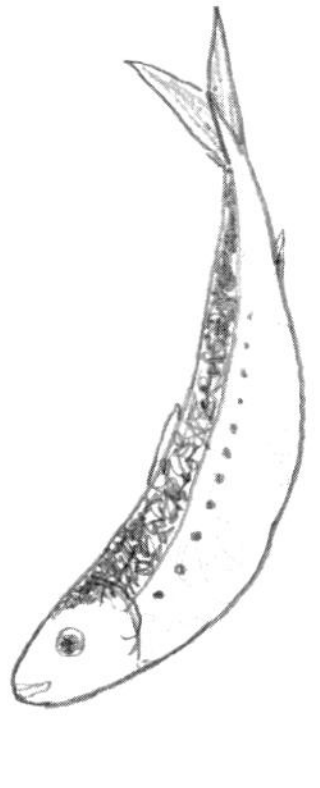

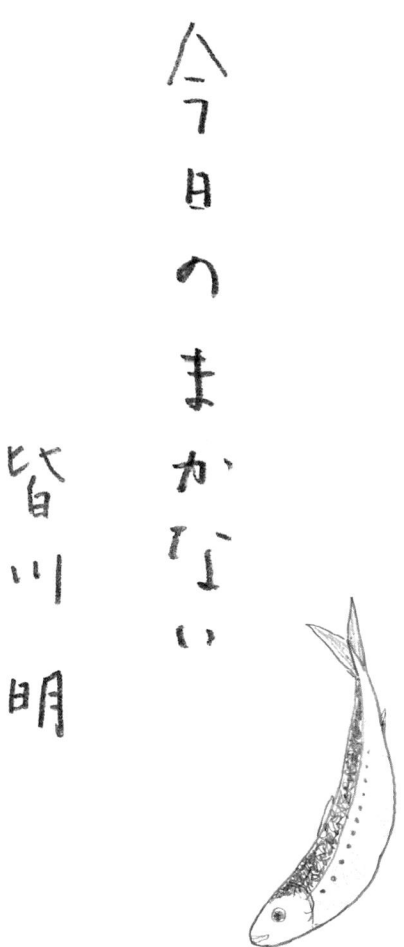

僕はミナペルホネンを始めた頃、朝は魚市場で働いていました。その事がきっかけで料理に興味が湧きそれ以来、料理をしたり考えたりする事は日常の時間の中で大切なひと時となっています。ミナペルホネンのアトリエでは年二回のコレクション発表前にはスタッフ総出でとても忙しくなる数週間があります。そんな時になるべく手作りのごはんを食べてもらおうと僕が25人程のまかない料理をつくります。皆んなの体調を気にしながら手早く毎日の変化をつけて作ります。この本ではそれをもうちょっと少人数で器を楽しみながら食べられるものにしてみました。プロの料理人ではない僕のまかない料理ですが日々の一皿の参考になればと思います。
そしてどんどんアレンジしていただければうれしいです。

皆川 明

# 今日のまかない　皆川 明

## 春

## 夏

本書は、雑誌『カーサ ブルータス』に2012年から2014年まで連載された
『皆川 明の今日のまかない』をもとにまとめたものです。

## 秋

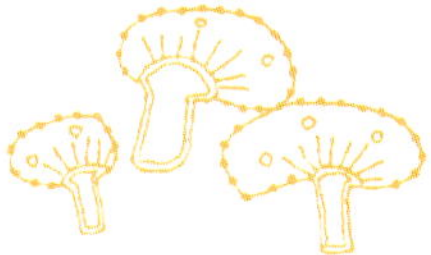



## 冬

# 春

## SPRING RECIPES

長い冬が終わり、生き物たちが元気を取り戻す季節。雪の下に隠れていた植物たちも芽を出し葉をつけて、町も山も鮮やかに色づいていきます。皆川さんはうつわの上で、そんな景色を表現しました。自然のパワーを取り込むように、旬の野菜もたっぷり使います。

NO.01 春風に誘われて海へ行こう。

NO.02 野の友と陽だまりいなり

NO.03 森へ行こうよ まあるいバゲットサンドウィッチつくってサ!

NO.04 想い出もおかずになる。

NO.05 モチモチ シャキシャキ 春ピッツァ

NO.06 カンタンシャキトン

NO.07 菜の花とキンメの春鍋

SPRING

# NO.01

# 春風に誘われて
# 海へ行こう。

きりっとした冬の空気の中にも少しずつ春を感じる季節に皆川さんが思いついたのは……「冬と春の境目のちらし寿司です。春の息吹を感じさせる青海苔を酢飯に合わせ、花のような色彩の野菜を添えました。マグロも、雪をかぶっているかのように表面だけ白く炙り、中は赤いまま残しました」。口にすると、フワッ、パリッ、という食感の妙も楽しめます。

二つ寄り添うように置かれた卵の味噌漬けは「雪の残る月夜をイメージしました。内田鋼一さんのうつわには、少し雪が溶けかかった地面のような表情がある。そこに抹茶塩を散らし、大根おろしを盛ったところにネギを挿して、雪の下から顔を出す新芽を表しました。卵の黄色も、希望というか、光を連想させますね」。

実はこのメニュー、なんと、ミナ ペルホネンのアトリエを開いたころからの定番だという。「当時はお金がなくて、同じ食材をどう調理すれば違う味になるか、いろいろと工夫しました（笑）。これもその中で生まれたメニューです」

ちらし寿司をのせたうつわは「安藤雅信さんが作陶し、僕が絵付けをしたものです。木を下から見上げるようにしたかった。そして枝が真ん中に集まるように」

## RECIPES

道の脇をふと見たら、雪の中から新芽が顔を出していた。
かすかに春の息吹を感じる寒い日に皆川さんが作ったのは、
そんなうれしい驚きが料理になったひと皿でした。

### 春風のちらし寿司

■ **材料**

白飯……5合分
きび砂糖……お好みで
黒酢……お好みで
塩……お好みで
マグロ……100〜150g
寒ブリ……100〜150g
イクラ……大さじ3〜5
生青海苔……100g
スナップエンドウの豆
（ゆでたもの）……40g
大葉……適量
山椒の葉……適量
アイスプラント……適量
オリーブオイル……大さじ½
醤油……適量
ゴマ油……適量

ピクルス（保存がきくので
多めに作っておくとよい。
今回はうち⅓〜½を使用）

赤カブ……1個
黒大根……1本
黄人参……1本
酢……300mℓ
白ワイン……200mℓ
水……100mℓ
粒こしょう……20粒
ローリエ……1枚
塩……小さじ1
きび砂糖……大さじ3
赤唐辛子……1本

■ **作り方**

1 黒大根、黄人参、赤カブを薄切りにし、保存瓶に入れる。2 ピクルス液の材料を合わせ、鍋に入れてひと煮立ちさせ、**1**に注ぐ。3 粗熱が取れたら蓋をして、ひと晩冷蔵庫に入れる。4 黒酢、きび砂糖、塩にご飯を合わせて酢飯を作り、生青海苔を加えて混ぜる。5 醤油とゴマ油を合わせ、ブリを浸けておく。6 マグロを2cm角に切ってオリーブオイルでソテーし、中を半生に保つよう氷水で粗熱をとる。
7 酢飯を皿に盛り、**3**、**5**、**6**、スナップエンドウの豆、大葉のみじん切り、山椒の葉、イクラを飾る。8 口休めのためのアイスプラントを周りに添える。

### 残雪と陽だまり

■ **材料**

卵……10個
柚子……1個
合わせ味噌……250g
抹茶……適量
塩……適量
辛み大根……適量
姫ネギ……1束

■ **作り方**

1 かための半熟になるようゆで卵を作る。2 柚子の皮を細かく刻み、味噌と混ぜ合わせる。3 **1**の黄身をガーゼに包み、**2**に埋めて、一晩寝かす。4 抹茶と塩を混ぜ、皿に敷いた上に辛み大根のおろし半量と、**3**をのせる。残りの大根おろしと姫ネギを混ぜ、添える。

※材料はすべて4〜5人分の分量です。

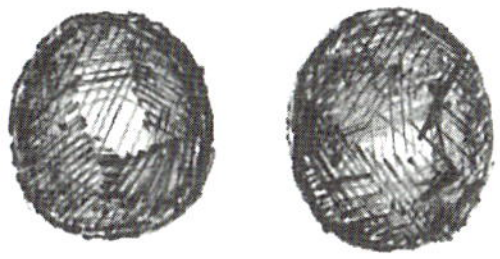

今日の食材

## 黒大根、黄人参、赤カブ

「色のキャラクターが立つ野菜を集めました。黒大根は縁の黒が効いてますね。パリで初めて出会ったのですが、面白い野菜だなと。味はさっぱりめ」

今日のうつわ

## 内田鋼一の加彩盤

「2辺に低い縁があり、正面がわかりやすいので、前後を決めやすい。雪が残る地面のような表情が今回のテーマにぴったりで、即決しました」

SPRING

# NO.02

# 野の友と陽だまりいなり

　子供のころからいなり寿司をよく食べてきたという皆川さん。

「ころんとして、甘くて、おにぎりより好きですねえ。昔おばあちゃんがよくお弁当に入れてくれたんです。お弁当箱から汁があふれて、教科書がぐっしょり濡れていたこともありましたが…（笑）」

　風の中にかすかに春を感じる季節に皆川さんが作ってくれたのは、菊の花を使った黄色いいなり寿司。春には黄色がよく似合います。

「この菊は出張で東北に行ったときに、おみやげやさんで見つけたんです。大胆で、花の色もきれいで、あ、これはいいなあと思って」

　口に含むと、菊の青さがふわぁっと香り、噛むたびにシャキッ、シャキッと小気味よい音がします。

「塩ゆでしただけですが、食感も香りも葉ものとはまた違ってアクセントになりますね」

　クセになるアクセントです。

「菊つながりでおひたしは春菊」。なるほど。菊とよく似た春菊の花も、春になると開花します。

おひたしをのせたのは、安藤雅信の花形皿。「菊に似ているからいいかなあと思って。このゆがみもいいですね」。手前のぐい呑みは井山三希子さん作です。

RECIPES

パッと鮮やかな黄色に大胆なパッケージ。
旅の途中、皆川さんの目を奪った東北の食用菊が
いつものいなり寿司を春の色合いに変えました。

## 陽だまりいなり

### ■ 材料

油揚げ……5枚
カツオと昆布で
　とったダシ……200㎖
きび砂糖……55g
醤油……大さじ3
ショウガ……約20g
米酢……70㎖
塩……6g
ご飯……2合分
干菊……1枚
白ゴマ……適量
黒ゴマ……適量
梅干し……適量
大葉……適量

### ■ 作り方

1 油揚げを中央で切り、油抜きする。2 鍋にダシ、きび砂糖40g、醤油を合わせ、薄切りにしたショウガを入れる。沸騰したら**1**を入れる。3 弱火で10分程度落とし蓋をして、汁を全体にいきわたらせる。4 火を止め、冷ます。冷めたら軽く絞る。5 米酢、きび砂糖15g、塩を合わせてご飯と混ぜ、酢飯を作る。6 沸騰したお湯に塩を少々（分量外）入れ、干菊をさっとゆでて戻す。7 **6**を絞ってから約4分の1量を**5**に混ぜる。8 **7**に白ゴマ、黒ゴマ、刻んだ梅干し、細切りにした大葉、油揚げと一緒に炊いたショウガを細切りにしたもの（適量。飾り用に少し残す）を混ぜる。油揚げの煮汁も大さじ2入れて混ぜる。9 **8**を油揚げの中に入れる。10 皿に残りの菊（おひたしのために少し残す）を敷き詰め、**9**に残りのショウガのスライス、ゴマをかけて盛りつける。

## 春菊のおひたし

### ■ 材料

春菊……1束
醤油……少々
ダシ……少々
干菊……少々（いなりの残り）

### ■ 作り方

1 塩少々（分量外）を入れたお湯で春菊をさっとゆでる。2 冷水に浸し、水気を切ってから半分に切り、醤油とダシを合わせたたれをかけ、盛りつける。3 お湯で戻した菊を飾る。

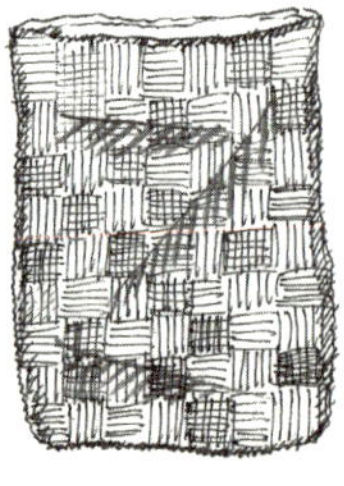


※材料はすべて3〜4人分の分量です。

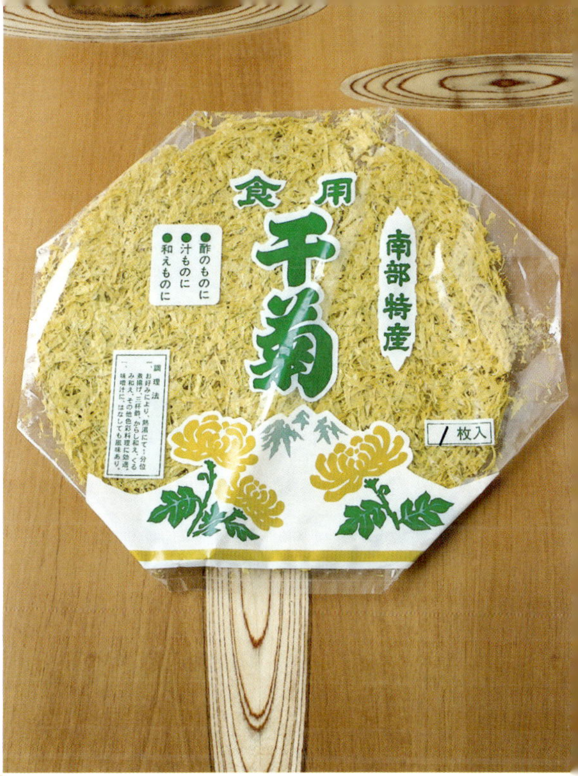


今日の食材

## 南部特産 食用干菊

江戸時代から伝わる食用菊「阿房宮」は青森県南部地方の特産品。初霜のおりる11月初旬に満開になる。彩りと風味を閉じ込めた干菊は一年中楽しめる。

今日のうつわ

## 石皿みたいな陶器

「貫入が気に入って、阿佐ヶ谷でブランドを始めたころから使っています。ぽってりしているから、おいなりさんにちょうどいいかなあと」

SPRING

# NO.03

# 森へ行こうよ まあるいバゲットサンドウィッチつくってサ!

暖かい風が吹き始めると、やっぱり外に出たくなってくるもの。そんなときは、サンドウィッチでピクニックなんていかが？

「今回のテーマは〝森のサンドウィッチ〟です。みんなで食べる、野菜を使ったヘルシーなサンドウィッチを作りました」と皆川さん。

メインのパンは沖縄の宗像堂から取り寄せたもの。「宗像堂さんの力強いパンは、ゆっくりと石窯で２日間焼かれるのだそうです。興味深いなあと思って、これを使ってサンドウィッチを作ってみたくなりました」

リースのような形は今回のためにオーダーしたオリジナルです。「みんなで食べるときに、好きなところを切って食べられたらいいかなあと思って」。自由で楽しいアイデアも皆川さんならでは。

丁寧に皮をむいたミニキャロットには、フェンネルを挿してピーナッツソース。「掘ってきたばかりの、泥がついたニンジンをイメージしました」と皆川さんは笑います。家で食べても森の中にいるような気分になれるまかないができました。

ニンジンは井山三希子の小皿、パンは〈ギャルリももぐさ〉で買ったボードに。ミナ ペルホネンのファブリック《海のチェック》を敷いたら…ピクニック気分！

## RECIPES

風に春の香りを感じたら、春野菜をたっぷり使った「森のサンドウィッチ」。
パンと野菜の素朴な風味を生かした色とりどりのまかないです。
みんなで囲めば、ワイワイ会話も弾みそう。

### 光のマフィンサンドウィッチ

**■材料**

**イングリッシュマフィン（ウコン）……1個**
**アボカド……¼個**
**ミニトマト（アメーラルビンズ）……3粒**
**芽キャベツの葉……4枚**
**フェンネル……1枝**
**トレビスの葉（または紫キャベツ）……2枚**
**塩……少々**
**オリーブオイル……少々**

**■作り方**

1 アボカドを細かく刻みオリーブオイルと塩で味を調える。2 マフィンを半分に切って軽くトーストする。3 トレビスの上にマフィンをのせ、芽キャベツの葉、**1**のアボカド、半分に切ったミニトマト、フェンネルを飾る。

### 森のリースサンドウィッチ

**■材料**

**無塩くるみ……5g**
**無塩アーモンド……10g**
**マスカルポーネ……120g**
**CORBEZZOLO（ヤマモモ）の蜂蜜……大さじ1**
**バゲット……1本**
**マッシュルーム……2個**
**ミニキャロット……½本**
**ルッコラ……1枝**
**レーズン……約10g**
**ドライクランベリー……約10g**
**塩……少々**

**■作り方**

1 くるみとアーモンドを細かく砕く。2 マスカルポーネと蜂蜜を混ぜ**1**を加え、塩で味を調える。3 半分にカットしたバゲットに**2**を塗り、スライスしたマッシュルーム、クランベリー、レーズン、ルッコラ、細切りのミニキャロットを飾る。

### キャロットサラダと泥ソース

**■材料**

**ミニキャロット……4本**
**フェンネル……1枝**
**あら挽きピーナッツバター……適量**

**■作り方**

1 ミニキャロットの葉を除いて皮をむき、十文字に切り込みを入れる。2 **1**にフェンネルを差し込む。3 ピーナッツバターの上澄みをかけて完成。

### 新緑のポタージュスープ

**■材料**

**新タマネギ……3個**
**五郎島金時芋（小）……3個**
**芽キャベツ……8個**
**カブ（大）……4個**
**ミニキャロット……1本**
**クミンパウダー……少々**
**ブーケガルニパウダー……少々**
**ハーブソルト……少々**

**■作り方**

1 新タマネギ、4等分したカブ、皮つきの金時芋、芽キャベツ5個を鍋に入れる。野菜がすべて浸るくらいの水を入れ柔らかくなるまで煮る（無水鍋で約13分)。2 鍋の水を切り、金時芋が熱いうちに皮をむく。3 **1**と**2**の野菜をミキサーにかけ撹拌《かくはん》させる。とろりとしたら鍋に戻して弱火で温めながらクミンパウダー、ブーケガルニパウダー、ハーブソルトを加え味を調える。4 ミニキャロットと半分に切った残りの芽キャベツを飾る。

※材料は3〜4人分の分量です。

今日の食材

## 沖縄・宗像堂《むなかたどう》のパン

「初めて宗像さんとお会いしたとき、お人柄に感激しました。宗像さんのパンはぎっしり、もちもち。ちゃんと愛情に応えてふくらんでいる感じです」

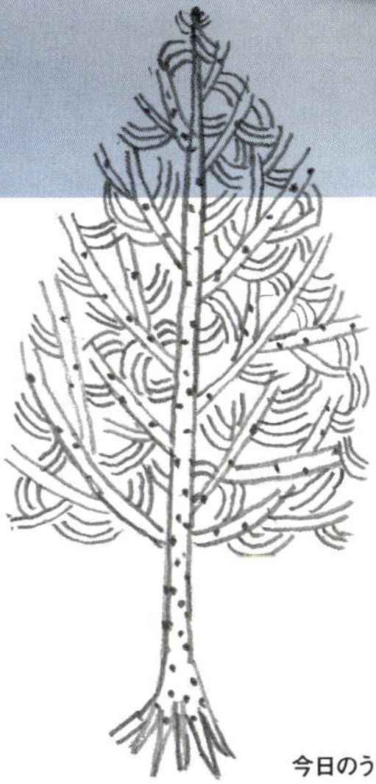

今日のうつわ

## 鹿児島・盛永省治《もりながしょうじ》の<br>ウッドボウル

「丸い形とツヤ、木の表情を生かした丁寧な仕上げ。分厚さもいいですね。スープを入れてみて、料理を包むような安定感にうれしくなりました」

SPRING

# NO.04

## 想い出もおかずになる。

　気持ちのいい天気が続くので、お弁当を作ってみたという皆川さん。「高校の時はこの２倍以上ある、アルミのどか弁みたいなお弁当箱だったんですけど（笑）、最近は出張の時にちょっとだけ」。新幹線の中でお弁当を食べることも、出張の醍醐味です。「お弁当には電車がよく似合いますよね」

　ミナ ペルホネンのショップがある京都は、よく行く出張先のひとつ。今回は祇園〈おうすの里〉で買ってきた《献上梅》をメインに、皆川さんの定番メニューを集めたお弁当を作りました。「梅干し、すごく好きなんです。特にここのはふっくら大きくて、自然な甘さが絶妙です」

　お弁当を入れたのも、梅干しのように赤く、ふっくらゆるやかな丸みを帯びた大館の曲げわっぱ。ツヤツヤとした漆が、菜の花にトマト、タコなど食材の色を引き立てます。……おいしそう！　下には、春らしい薄桃色にちょうちょが舞う、ミナ ペルホネンのインテリアファブリックを合わせました。

竹箸の入った箸箱は、色もお弁当箱にぴったり。口当たりのいい白磁の湯呑みは〈HIGASHIYA〉のものです。

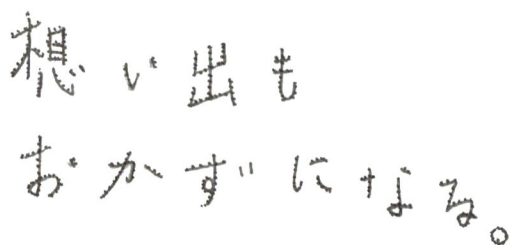

RECIPES

ぽかぽかとした春の日に電車に乗ったなら…
お弁当が食べたくなってきませんか?
皆川さんはそんなとき、大好物の梅干しを使ってお弁当を作ります。

# 花詰め弁当

## タコと里芋の煮物

### ■ 材料

ゆでダコの足（大）……4本
里芋（中）……5個
炭酸水……200㎖
水……400㎖
酒……100㎖
砂糖……大さじ1
醤油……大さじ3
サヤエンドウ……適量
ユズの皮……適量
木の芽……適量

### ■ 作り方

1 鍋にゆでダコと皮をむいた里芋を入れ、炭酸水、水、酒を加え、ひたひたにする。足りなければさらに水を足す。2 落とし蓋をして中火で30分ほど煮る。3 砂糖を加え、さらに10分ほど煮てから醤油を加え、15分ほど煮る。4 里芋を取り出す。5 さらにタコを45分ほど煮てから食べやすい大きさに切る。6 **5**に**4**を合わせ、ゆでたサヤエンドウ、ユズの皮の薄切り、木の芽を飾りつける。

## ナスの素揚げ

### ■ 材料

ナス（小）……1本
揚げ油……適量
柚子コショウ……適量
塩……適量

### ■ 作り方

1 ナスを半分に切り、鹿の子切りにする。2 水につけてあく抜きをしてから、よく水を切る。3 素揚げして、柚子コショウと塩をふりかける。

## 菜の花のおひたし

### ■ 材料

菜の花……適量
だし醤油……適量

### ■ 作り方

1 沸騰したお湯に塩（分量外）を少し入れ、菜の花をゆでる。2 だし醤油をふりかける。

タコと里芋の煮物、ナスの素揚げ、菜の花のおひたし、ミニトマト（アメーラルビンズ）を弁当箱に入れる。
白いご飯の上に梅干しをのせ、上に木の芽、まわりに白ゴマをかけて完成。

 ※材料はすべて２人分の分量です。

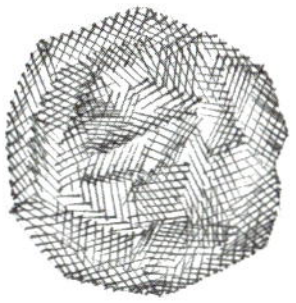

今日の食材

## 京都〈おうすの里 祇園本店〉の献上梅

「甘すぎず、塩辛すぎず、とてもバランスがいい。何個でも食べられます」と皆川さん。1粒1粒個装された、その名の通り贅沢な梅。

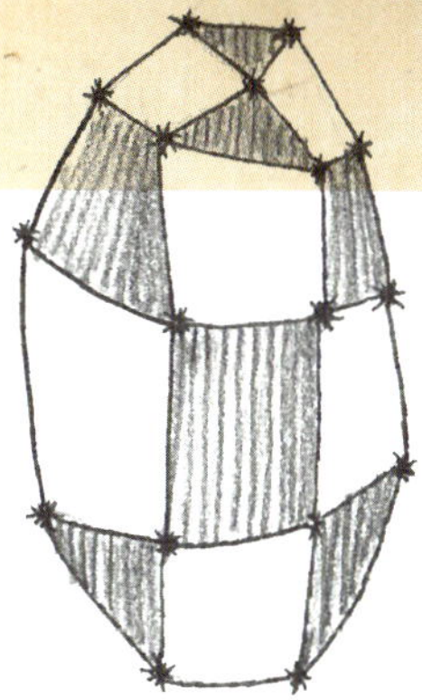

今日のうつわ

## 柴田慶信商店のシバキ塗り弁当箱

天然秋田杉の曲げわっぱに柿渋を塗り重ねた「シバキ塗り」が美しい《つくし二段弁当箱（シバキ塗り）》。愛用のサイズは上下段各300mℓのもの。

SPRING

# NO.05

# モチモチ シャキシャキ 春ピッツア

「京都の長岡京にある、スタッフの実家から送られてきました。掘りたてですよ」

20cmほどもある立派なタケノコを抱えて、うれしそうに現れた皆川さん。このタケノコは春から初夏にかけてのわずかな期間だけ楽しめる、孟宗竹です。今日は、クセがなくまろやかなこのタケノコを使ってピザを作ります。

ピザは皆川さんの得意メニュー。スタッフにもよくふるまいます。

「生地さえ作っておけば、具を変えて楽しめるのが面白いところ。僕のは自己流ですけど、クリスピーなものより弾力のあるナポリピザが好きですね。上にのせるのはシラスとか桜エビとか、今日みたいに季節の食材が多いかな」

たっぷりチーズを敷いた生地にタケノコ、新タマネギ、アスパラ、ハナビラダケを重ねてオリーブ、アンチョビ、さらに３種のチーズをのせて焼いたら……ワインが恋しいピザができました。

サラダも共通の食材でトーンを合わせ、琺瑯に似た陶器のうつわに盛りつけました。
下に敷いたのは、リネン生地のインテリアファブリックです。

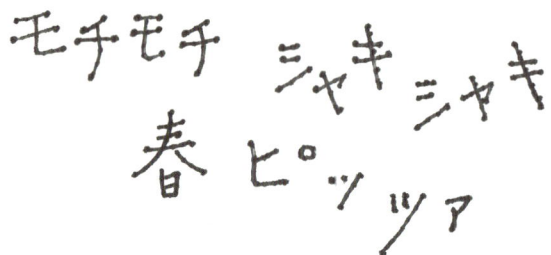

RECIPES

ふわりと軽いナポリピザも皆川さんの定番メニューです。
年に一度、初夏だけのタケノコにたっぷりチーズを合わせて
大人の味に仕上げました。

## 春ピッツァ

### ■材料

強力粉……200g
塩……小さじ½
砂糖……大さじ½
ドライイースト……小さじ½
ぬるま湯……140mℓ
ミックスチーズ……適量
アク抜きをしたタケノコ……適量
ミニアスパラ（細いもの）……8本
アンチョビ……8枚
ゴルゴンゾーラチーズ……適量
ハナビラダケ……適量
モッツァレラチーズ（小粒）……8粒
新タマネギ……適量
ブラックオリーブ……8個
パルメザンチーズ……適量

### ■作り方

1 強力粉に塩、砂糖、ドライイーストを混ぜ、ぬるま湯を加えてこねる。濡れ布巾をかけ、ラップして約1時間、35℃〜40℃で発酵させる。2 **1**をクッキングシートにのせ直径15cmほどの大きさに伸ばす。3 ミックスチーズを敷き詰め、薄切りにしたタケノコ、ミニアスパラ、アンチョビ、ゴルゴンゾーラチーズ、ハナビラダケ、半分にカットしたモッツァレラチーズ、新タマネギ、ブラックオリーブのスライスをのせ、その上からパルメザンチーズを削りかける。4 220℃に予熱したオーブンで15分ほど焼き、お好みで焼き加減を調整する。ほんのりきつね色に色づいたら出来上がり。

## シンタマサラダ

### ■材料

新タマネギ……1個
クレソン……1束
トリュフ塩……適量
ブラックオリーブ……適量
パルメザンチーズ……適量

### ■作り方

1 新タマネギをスライスして水にさらす。2 クレソンを刻み、**1**の水を切って合わせる。3 トリュフ塩を振り、スライスしたブラックオリーブを加えて軽く混ぜる。4 パルメザンチーズを削りかけ、丸いブラックオリーブをのせる。

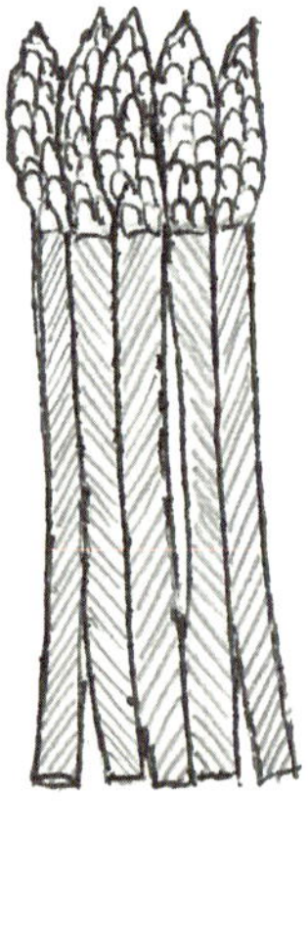


※材料はすべて２人分の分量です。

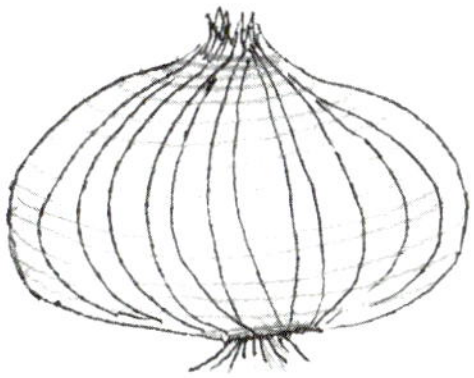

今日の食材

## 京都・長岡京の孟宗竹《もうそうだけ》

大きいだけじゃなく、直径も10㎝くらいあります。新鮮なときは刺身で食べてもおいしい。「やわらかくてシャキッとした食感です」と皆川さん。

今日のうつわ

## 内田鋼一の角皿

「〈ギャラリーフェブ〉の個展で買いました。よく作る四角いピザにもピッタリの四角いうつわです」。ピザといったらこれ！　の定番ピザ皿です。

SPRING

# NO.06

# カンタンシャキトン

「この間、会社のスタッフと山小屋で豚の蒸し焼きをしたんです。キャベツと一緒に蒸したらすごく甘みが増したんで、あ、これはいいなあと。甘くてやわらかい春キャベツだと、さらにおいしいですね」。キャベツは毎日でも食べられるくらい大好物だという皆川さん。「食感が好きですね。火を通して、少ししんなりしてるけどちょっとシャキッとしたところが残ってるくらいが最高。半玉くらい食べられる気がします」

　ということで今日も三元豚をキャベツと一緒に火にかけます。コトコト10分、漂う香りに蓋を開けて味を見ると、オリーブオイルに塩、スパイスを合わせただけなのに、素材の味がギュッと詰まったなんとも滋味あふれる甘さ！

　副菜には、プルーンとドライトマトを使ったサラダを合わせました。「淡白なキャベツと豚肉に、甘いソース代わりです」

　春を感じる明るい午後の日差しの中、パンと白ワインと一緒に、いかがでしょう？

奥は岩手〈光原社〉で買った鉄皿。「揺らぎが美しく味のあるお皿です」。下に敷いたチェックの布は2014年春夏コレクションから。素材は麻。

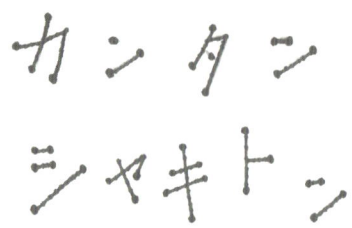

RECIPES

春まだ浅い休日の午後、日差しを浴びながら食べたいのは
素材の味を生かしたシンプルで滋味深い蒸し焼き料理。
皆川さん大好物のキャベツと豚肉がメインです。

## カンタンシャキトン

■材料

**豚肉……110g**
**キャベツ……¼玉**
**オリーブオイル……適量**
**ニンニク……1かけ**
**キャベツの葉……1枚**
**塩……少々**
**クミンシード……適量**
**グリーンオリーブ……適量**
**ブラックオリーブ……適量**
**柚子コショウ……適量**
**塩ポン酢……お好みで**

■作り方

1 豚肉に塩を適量振る。2 キャベツを千切りにする。3 鉄鍋でオリーブオイルを熱し、５等分にカットしたニンニクを炒める。香りが出始めたら取り出す。4 いったん火を止め、料理に直接火が当たらないようにキャベツの葉を敷き、**3**、**1**、**2**の順に重ねる。5 塩、クミンシード、オリーブオイルを振り、グリーンオリーブとブラックオリーブを散らす。6 蓋をして中火で約５分、弱火で約５分蒸し焼きにする。7 うつわに豚肉、キャベツの千切り、オリーブを重ね、柚子コショウを盛る。塩ポン酢をかけてもおいしい。

## ドライフルーツとナッツのサラダ

■材料

**プルーン……40g**
**クルミ……20g**
**セミドライトマト……10g**
**塩……少々**
**ルッコラ……1枝**

■作り方

1 プルーンとクルミ、セミドライトマトをそれぞれ３㎜角にカットし、塩を振りかけ混ぜ合わせる。2 水に浸しシャキッとさせたルッコラをうつわに敷き、**1**をきゅっと固めて盛りつける。上から塩を振って完成。

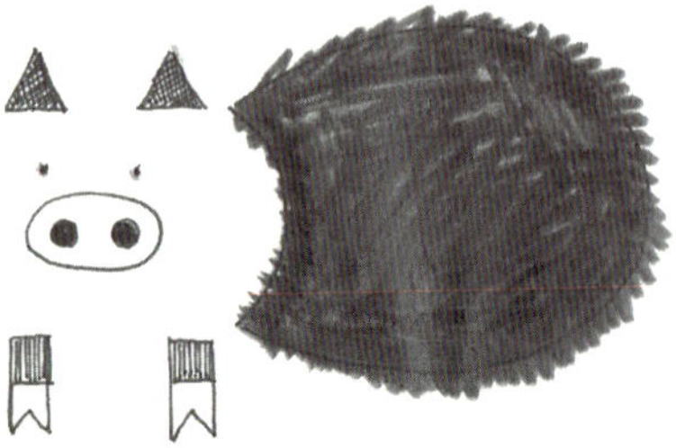


※材料はすべて１人分の分量です。

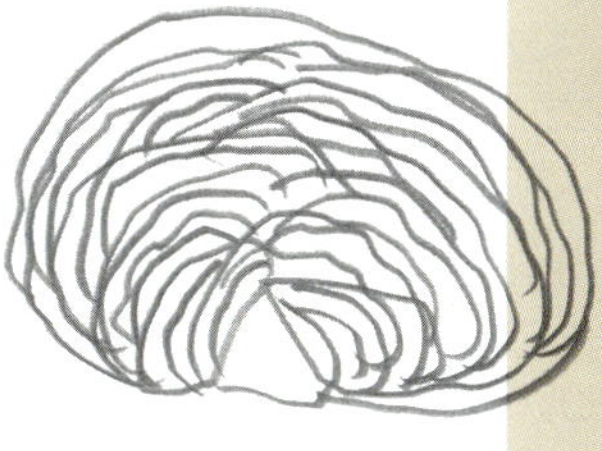

今日の食材

## 三元豚《さんげんとん》

三種の豚を掛け合わせて生まれた銘柄豚はあっさりとしてコクのある脂、きめが細かく弾力がある肉質が特徴。「今日の料理には甘いお肉がいいなと」

今日のうつわ

## 沖縄・大嶺實清《おおみねじっせい》の角皿

大嶺さんのファンを自称する皆川さんが年末の窯出しで手に入れた作品。「グリーンのラインがいい役割をしてくれて、刺身もすごくおいしく見える」

SPRING

# NO.07

# 菜の花とキンメの春鍋

春のポカポカした陽気が気持ちいい頃、皆川さんは、赤く、晴れやかな金目鯛を使った春のお鍋を作ってくれました。「華のある魚ですよね。それに、刺身にしても煮込みにしてもおいしい」

手元には、ぷっくりと澄んだ日をした金日鯛が、体をピンと張って堂々と横たわっています。「これは新鮮な証拠です」

金目鯛は甘く煮付けるのが定番ですが、「今日はちょっとイタリアンみたいに、春の野菜と一緒に蒸し焼きにします」。一尾がぴったり入る大きなストウブに、菜の花や山芋、ショウガをたっぷり入れてコトコト12分、いい香りが漂ってきたら食べごろです。ふわっふわの金目鯛が完成しました。

「副菜は芽吹きを感じさせるようなサラダです」。芽キャベツに、さっき見つけたちょっと苦みのあるアーサイと、小さな野菜に生ハムを巻いて、アボカドとマスタードのディップでいただきます。と、「あ、このディップすごくおいしい！」。皆川さんの口から、思わずそんな言葉が漏れました。

お鍋は金目鯛のサイズに合わせて、ストウブの37cmオーバルを用意しました。

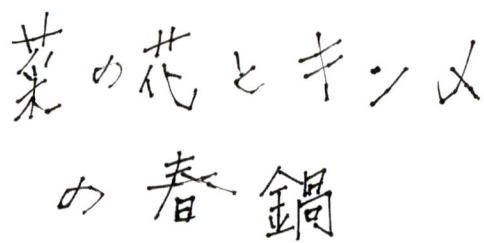

STAUB

## RECIPES

鮮やかな赤の金目鯛を春の野菜と一緒に煮込んだまかないは
海辺のパーティーをイメージしたメニュー。
春の訪れに踊る気持ちをそのまま形にしたような晴れやかさです。

### 菜の花とキンメの春鍋

#### ■材料

ニンニク……2かけ
オリーブオイル……適量
山芋……約400g
新タマネギ……1個
金目鯛……1尾（全長約35cm、850g）
塩……適量
菜の花……2束（約400g）
ショウガ……約150g
レモン……½個
ローズマリー……4枝
白ワイン……180mℓ

#### ■作り方

1 ニンニクをスライスして、オリーブオイルに浸ける。2 山芋の皮をむき0.5cm幅にスライスする。3 新タマネギを薄くスライスする。4 金目鯛の鱗と内臓を取り除く。5 **4**の全体に熱湯をかけて臭みを取る（内側も）。塩を全体にまぶしてオリーブオイルを塗る。6 鍋の内側に**1**のオリーブオイル半量を塗り、**3**のタマネギを敷き詰める。7 **6**の上に**5**の鯛、そのまわりに菜の花、鍋の縁に沿って**2**の山芋をのせる。8 **7**の鯛の上にすりおろしたショウガ、**1**のニンニクの半量、スライスしたレモンを、菜の花の上にローズマリーをのせ、全体に白ワインと、**1**のオリーブオイルの残りをかける。ニンニクの残りも散らす。9 蓋をして強火で約12分、蒸し焼きをして完成。

### 春のミニベジディップ

#### ■材料

芽キャベツ……2個
アーサイ……2個
アボカド……1個
塩……少々
コショウ……少々
マスタード……少々
オリーブオイル……少々
生ハム……2枚
ケッパー……4粒

#### ■作り方

1 芽キャベツをゆで、アーサイは歯ごたえが残る程度に蒸す。2 アボカドを細かく刻み、塩、コショウ、マスタード、オリーブオイルと混ぜ合わせる。3 生ハムで**1**をくるみ、**2**を敷いた皿に盛りつける。4 最後にケッパーを添えて完成。


※材料はすべて2〜4人分の分量です。

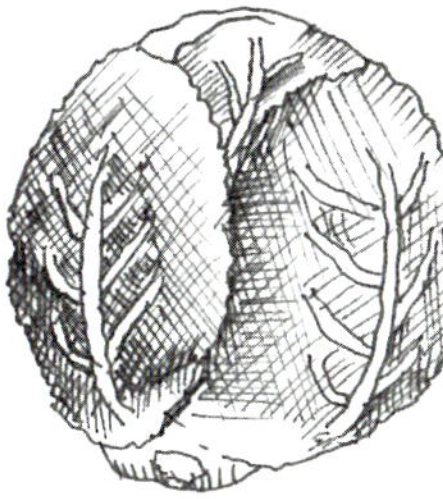

今日の食材

## 金目鯛

「新鮮だから、目が濁っていなくてとてもきれいですね」。脂がのっていて、火を通すとふわっふわ。鮮やかな赤で、できあがりも華やかです。

今日のうつわ

## スウェーデンの
## ヴィンテージガラス

「べっこう飴みたいですね。エリック・ホグランのものではないと思うんですが、同じ頃のものではと思います。この黄色が緑の野菜と合うと思って」

あいちそだち
シチュー、煮込み、肉料理に
ローズマリー

# 夏

## SUMMER RECIPES

暑い季節には、ガラスのうつわで涼を感じるまかないを。週末は山小屋に出かけて、みんなでワイワイ、料理を作ってパーティーをします。そんなときに食べたいものは、ニョッキにソーセージ、バーベキュー……会話も笑顔も尽きない、豪快なメニューでした。

NO.01 ヒカリの手まり

NO.02 いよいよきたね 夏の宵

NO.03 キントキイモとバレイショのニョッキニョッキ

NO.04 食感を楽しもう！トロシャキフワ ラフテー

NO.05 海のもんも土のもんもチャンプルー

NO.06 夏の木陰でつまみましょっ。

SUMMER

# NO.01

# ヒカリの手まり

蒸し蒸しとした初夏のある日、皆川さんは氷の塊のようなガラスのうつわを手に現れました。「見た瞬間に何かのせたくなって。この時期には涼しげなヒカリモノのお寿司がいいかな。イワシをちょっと締めてさっぱりさせて、ゆかりで梅の香りを出して……食欲が湧くような手まり寿司を作ります」

魚市場で働いていたこともある皆川さん、イワシは大好物です。「大きくて厚く、少し曲がっているのが新鮮な証拠」と、今日も立派なイワシを用意しました。この味を生かすため、お米にはクセがなく、歯ごたえのいい《ななつぼし》を選びます。うつわの形に合わせてコロンと丸く握ったら……涼しげ！　口にしても、キリッと、見た目通りの涼やかさです。

合わせたサラダは同じ海の食材に旬の野菜をオリーブオイルで合わせた大人の味。「昼間、日差しのあるところで冷酒と一緒に食べたいですね」と皆川さん。光を通したガラスはまた格別に美しいでしょう。

サラダはスウェーデン、ロールストランド社のヴィンテージのうつわで。「ボルドーがきれいですね」と皆川さん。

RECIPES

一目惚れしたうつわに大好物のイワシ。
皆川さんの好きなものを集めたまかないは蒸し暑い季節、
気分をシャキッとさせてくれます。日本酒と一緒にいかがでしょう?

## ヒカリの手まり寿司

### 材料

イワシ……2尾
ご飯……2合分
きび砂糖……お好みで
米酢……お好みで
塩……お好みで
ゆかり……適量
芽ネギ……適量
ショウガ(小)……1かけ
青ユズの皮……適量

### 作り方

1 イワシを三枚におろし、骨をピンセットで取る。2 **1**に塩(分量外)を振り、米酢(分量外)で軽く締めて1時間ほど冷蔵庫で落ち着かせる。3 少しかために炊いたご飯を寿司桶(またはボウル)に移す。4 米酢、きび砂糖、塩を合わせて寿司酢を作り、**3**にまわしかける。5 10秒くらい待ってから米を切るように混ぜ合わせる。6 ツヤツヤになるまで混ぜたら、うちわで人肌くらいまで冷ます。7 **6**の酢飯にゆかりを混ぜる。8 適量の**7**にイワシを巻いて握り、うつわに盛る。9 **8**に芽ネギを並べ、みじん切りしたショウガをかけて、青ユズの皮を添える。

## 初夏サラダ

### 材料

カリフラワー……6房
ジャガイモ……1個
空豆……8粒
ホタルイカ……6尾
クレス……適量
塩……少々
コショウ……少々
オリーブオイル……適量
トレビス……2枚

### 作り方

1 ジャガイモ、カリフラワー、空豆をそれぞれゆでる。2 ジャガイモは熱いうちに皮をむき、マッシャーで粗めにつぶす。3 カリフラワーも半量を同様につぶす。4 **2**に**1**の空豆と**3**、三等分に切ったホタルイカ、クレス、つぶさずに残したカリフラワーを混ぜる。5 塩、コショウをふり、オリーブオイルをまわしかけて全体をなじませる。6 トレビスに**5**を盛りつける。7 うつわに盛る。

※材料はすべて2～3人分の分量です。

今日の食材

## 〈AKOMEYA TOKYO〉の《ななつぼし》

甘み、香りが抜群で、あっさりとした味わいの北海道米。〈AKOMEYA TOKYO〉では、好きな分量だけ、その場で精米してくれる。

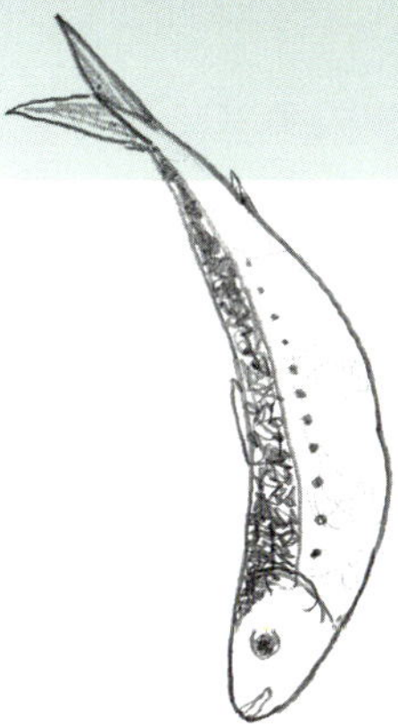

今日のうつわ

## 荒川尚也のガラス

「見た瞬間、あ、これに何かのせたいなと。銀座の個展で買いました」。荒川は京丹波中山に〈晴耕社ガラス工房〉を構える。

SUMMER

# NO.02

## いよいよきたね 夏の宵

今回は、豪快なスペアリブがメインです。「暖かくなって気持ちが外へ外へ向いてきているせいか、閃くようにこの料理が浮かびました。みんなでバーベキューをしながら作っても楽しいですよね。こういうちょっとワイルドなメニューには、春から夏にかけての季節の力強さと似たものを感じます。だからその感じを出すために、大皿にドンッと、肉の塊みたいに置いてみました。うつわの柄が大胆だから、より豪快さが際立ちますね」と皆川さん。

初夏、こんな料理に合わせる飲み物といったら……やっぱりビール！　いつものビールも、飲み物を注ぐと磨りガラスがだんだん透明に変わる、ミナ ペルホネンのグラスに注げば、ちょっと上品な表情に変わります。「sghr（菅原硝子工芸社）で作った《ピーナッツ》というビールグラスです。顔がついたものもあるんですよ」

初夏の青々しさを盛り上げる、淡い緑のサラダと一緒にどうぞ。

今回のうつわにミナ ペルホネンのファブリック《タンバリン》を敷くと…「ミナが和風になった！」と皆川さん。中央は内田鋼一の《加彩盤》。

RECIPES

瑞々しい風が流れる五月晴れの空の下、
夏の予感に心躍らせながら、豪快な肉料理とビールで乾杯！
豪快な料理には、豪快なうつわが合うってもんです。

## スペアリブ

### ■材料

スペアリブ……800g
ローリエ……1枚
セロリの葉などの香味野菜……適量
おろしニンニク……1片分
おろしショウガ……1片分
おろしタマネギ……¼個分
赤ワイン……100mℓ
醤油……50mℓ
ぶどうジャム……80g
塩……少々
コショウ……少々
水……200mℓ
クレソン……適量

### ■作り方

1 鍋にスペアリブを入れ、かぶるくらいの水（分量外）を入れて沸かし、中火で10～30分下ゆでする。2 **1**の水分を拭き取り、ローリエ、セロリの葉などの香味野菜、ニンニク、ショウガ、タマネギ、赤ワイン、醤油、ぶどうジャム、塩、コショウとともに一晩漬ける。3 **2**の肉を取り出し、フライパンで焼き目がつくまで火を通す。4 **3**の肉と**2**の漬け汁、水を圧力鍋に入れて、沸騰したら圧を下げて10分加熱する。5 一度火を止め、完全に圧が下がるのを待ってから蓋を開け、汁がトロリとするまで煮詰める。6 うつわにクレソンを敷き、上に**5**のスペアリブを盛りつける。

## ホワイトオニオンと空豆の夏サラダ

### ■材料

タマネギ……1個
ワケギ……1束
空豆……15～20粒
オクラ……1本
ミックスレーズン（マスカット入り）……40g
ハーブソルト……少々
オリーブオイル……少々

### ■作り方

1 塩（分量外）を少々入れた熱湯にオクラ、空豆を30秒ほど入れて火を通す。2 熱いうちに空豆の皮をむく。3 タマネギを縦に薄切り、オクラを輪切りにする。4 フライパンにオリーブオイルを引き、**3**を軽く炒める。5 タマネギのシャキシャキ感が残るくらいのところでミックスレーズン半量とハーブソルトを入れ、味を調える。6 約5cmの長さに切ったワケギもオリーブオイルとハーブソルトでさっと炒める。7 うつわに**6**を並べ、上に**5**をのせて、まわりに**2**の空豆と残りのレーズンを並べる。

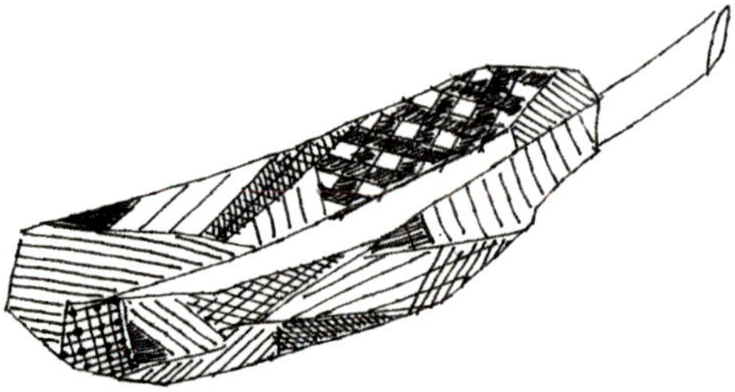


＊材料はすべて２～３人前の分量です。

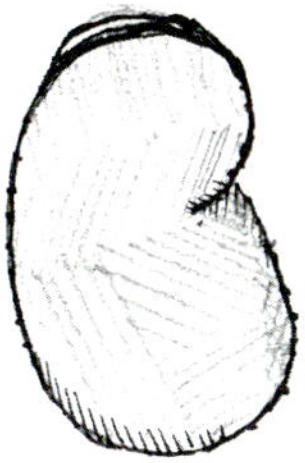

今日の調味料

## オリーブオイルとハーブソルト

皆川さんの料理に頻出の愛用品。フランスの名門〈OLIVE & Co.〉の新ブランド〈PREMIERE PRESSION PROVENCE〉は商品ごとに生産者が違う。

今日のうつわ

## 緒方慎一郎ディレクションの伊万里焼

「〈SIMPLICITY〉緒方さんのお店で購入した、伊万里焼の絵付けを途中で終わらせたうつわです。大胆でかっこいいですよね。スペアリブに合うかなと」

SUMMER

# NO.03

# キントキイモ と バレイショ の ニョッキ ニョッキ

日に日に暖かくなる日差し。外に出たい気持ちもますますヒートアップし、ロケに出ました。場所は山のふもと、豊かな自然に囲まれたミナ ペルホネンの保養所です。

「空気がきれいですねえ。地方に出ると、土地の食材で料理をしてみたくなります。今日は朝市で、こんなものを見つけました」。そう言って、皆川さんはジャガイモと二十日大根を取り出します。今回はこの新鮮な食材をシンプルに調理します。

「ニョッキは簡単だし、いろいろな風味を加えられるのが魅力です。ゆでたてなら、オリーブオイルとバター、塩だけでもおいしいですね」。今回はジャガイモと金時芋のニョッキに、それぞれパルミジャーノとカラスミを合わせます。

「木に囲まれた場所なので、料理も黄色から茶色の、木を連想させるような色目にしたいなと思いました。カラスミも黄色い、サルディーニャのものを使っています」。同色系のうつわにのせて……森の動物が近寄ってきそうな一皿になりました。

モッチモチのニョッキは見た目もおいしそう。歯応えのある新鮮な二十日大根は安藤雅信さんのうつわで。パリのメルシーで買ったリネンを敷きました。

# RECIPES

山のふもとにある、ミナ ペルホネンの保養所に行ってきました。
遊びに出かけた先の食材で作る料理はまた格別。
ということで、皆川さんが朝市で見つけた食材を使った生パスタです。

## 金時芋のニョッキ
## ジャガイモのニョッキ

### 材料

ジャガイモのニョッキ:
ジャガイモ……250g
強力粉……100g
塩……少々
金時芋のニョッキ:
金時芋……250g
強力粉……100g
塩……少々

バター……10g
オリーブオイル……大さじ2
パルミジャーノ・
　レッジャーノ……適量
バジル……適量
カラスミ……適量
ローズマリー……適量

### 作り方

1 蒸籠で金時芋とジャガイモを、スッと串が通るくらいまで蒸す。2 熱々の状態で皮をむき、それぞれをマッシャーでつぶして塩を少々入れる。3 それぞれ、強力粉を入れてこねる。4 こねた種を棒状に伸ばし、1.5cm幅でカットする。5 フォークの背面を使い、ニョッキに模様をつける。6 鍋にお湯を沸かして、塩とオリーブオイル（分量外）、ニョッキを入れる。7 ニョッキが浮かんできたらゆであがった証拠。すくいあげ、温かいうちにバターとオリーブオイルを絡める。8 金時芋のニョッキにカラスミの薄切りをのせる。9 ジャガイモのニョッキにすりおろしたパルミジャーノ・レッジャーノを振り、バジルをのせる。10 皿の片側に金時芋、もう一方にジャガイモのニョッキを盛り、ローズマリーを添える。

## 二十日大根のサラダ

### 材料

二十日大根……7本
塩……少々

### 作り方

1 白と赤の二十日大根の葉の部分を切り落とし、皮をむき盛りつける。2 塩（今回はレッドソルトを使用）を添える。


※材料はすべて2〜3人分の分量です。

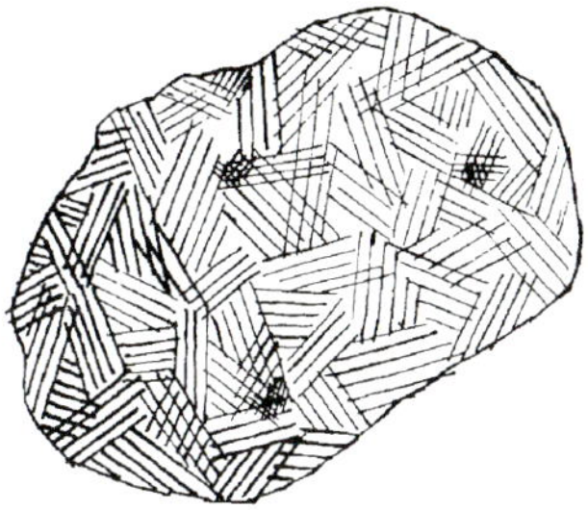

今日の食材

## 御牧原台地の白土馬鈴薯

「朝市で、おいしそうなジャガイモを見つけました。御牧原台地で作られるジャガイモは、身が白いのが特徴。甘みが強くて、ホクホクとした食感です」

今日のうつわ

## マッシモ・ノルディオの<br>ヴェネチアングラス

「友人のイタリア人作家のうつわです。彼の作品がとても好きで、6年前に彼を招いて展覧会を開いてしまったほど。そのときに買いました」

36

SUMMER

# NO.04

# 食感を楽しもう！ トロシャキフワ ラフテー

「角煮はいちばん好きな料理です」と皆川さん。なぜなら、料理に興味を持ち始めたころに友人に出したら、とても喜ばれたメニューだから。「火にかけておけばいいだけだから、ゆっくり話していられるところも好きですね。今でも人が来ると作ることが多いです」

定番のメニューでも、つねに何か新しいことを試してみるのが皆川さん。今回は「おからを入れてみたら、油分を吸ってくれて煮汁がすごくクリアになりました」。

のせたうつわは、皆川さんが陶作家の安藤雅信さんと一緒に作ったもの。実は皆川さん、最近は毎年、安藤さんとうつわを作って展示会を開いています。2012年は各地を巡回し、沖縄の〈Shoka.〉でしめくくり。今回はその思い出を胸に、アグー豚を使って沖縄の角煮、ラフテーを作りました。泡盛も〈Shoka.〉の隣町から。「北谷長老は少し個性的。おかげで味に深みが出たかな」

豚肉とよく合うキャベツもクミンと合わせ、キュキュッと握ったら、なんとも美しい一皿になりました。

キャベツは安藤さんの銀彩皿で。下にはパリ〈メルシー〉のリネン。色違いで何枚も常備して、気分で使い分けます。

## RECIPES

行ってきたばかりの沖縄をテーマに、皆川さんの定番メニュー、角煮を作ってもらいました。今回は自作のうつわでいただきます。ガッツリお肉で、夏の終わりの疲れた体にパワーを充填！

## ラフテー

### 材料

豚バラ肉……500g
サラダ油……適量
おから……適量
醤油……大さじ3
砂糖……大さじ2
みりん……大さじ1
水……4カップ
泡盛……½カップ
大根……⅓本
ゴボウ……1本
ショウガ……1と½かけ
大根おろし……適量
シシトウ……4本
芽ネギ……適量
からし……適量

### 作り方

1 豚バラ肉の脂が好みの量になるよう、脂が多すぎるときはあらかじめ少し取り除いておく。2 サラダ油を熱したフライパンでバラ肉の表面に焼き目をつけ、煮崩れを防ぐ。3 **2**を熱湯（分量外）につけ、油抜きをする。4 さらに油を抜くため、水の5分の1の量のおからを加え、強火で1時間30分、箸がすっと通るくらいやわらかくなるまで煮る。途中、表面に浮いてきた油はすくいとる。5 肉がやわらかくなったら水にさらし、おからを洗い落とす。6 おからの臭みを除くため、水を張った鍋に入れ、ひと煮立ちさせる。7 温かいうちにバットに上げ、形を整えるため重石をする。8 均等な大きさに切り分け、調味料と水、泡盛を加えて火にかける。9 大根は3cmほどの輪切りにして皮をむき面取りする。生米（分量外）を入れた鍋で下ゆでして、やわらかくなったら**8**に入れる。10 ゴボウも皮を洗い5cmのぶつ切りにして、**8**に入れる。11 薄切りにしたショウガ1かけも加える。12 落とし蓋をして中火で煮る。13 煮汁が半分になるまで煮詰まったら火からおろし、大根おろしを添える。彩りに、ゆでたシシトウと芽ネギを散らし、からしを添えて完成。

## キャベツのにぎり

### 材料

キャベツ……⅛個
塩……少々
コショウ……少々
オリーブオイル……小さじ1
クミンシード……小さじ1
カボス……適量

### 作り方

1 千切りにしたキャベツを熱湯で湯通しする。2 塩、コショウ、オリーブオイル、クミンシードをもみこむ。3 握って水気を絞り、盛りつける。好みでカボスを添える。

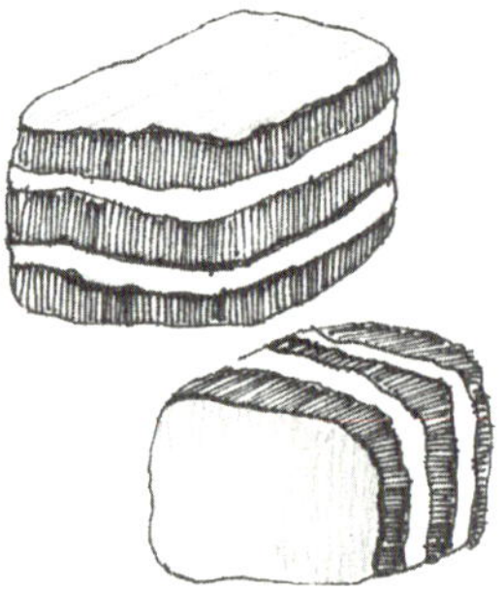


※材料はすべて2～3人分の分量です。

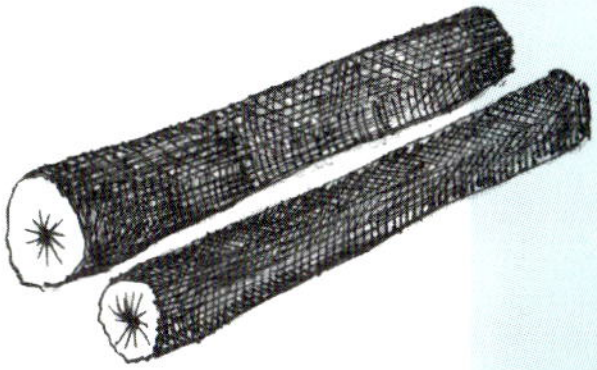

今日の食材

## 沖縄の《北谷長老 古酒》

「角煮にはシンプルな泡盛が合うと思います。これはオーソドックスだけどちょっとだけクセがある。いつもの角煮にちょっと個性を加えたいとき」

今日のうつわ

## 皆川明×安藤雅信の大鉢

2011年に〈ギャラリー ル・ベイン〉で発表したうつわは「一点ものですが、僕が欲しくて（笑）。料理に負けない力強いうつわを、と選びました」。

SUMMER

# NO.05

## 海のもんも 土のもんも チャンプルー

北欧帰りの皆川さん。ガレージセールで古い家具やうつわをたくさん買い込んで、ホクホク顔です。今日のメニューも「スウェーデンのうつわの深い緑に合いそうだなあと、うつわありきで思いつきました」(笑)。それがゴーヤーチャンプルー。偶然にも（?）、猛暑の疲れを吹き飛ばす定番です。

今日のゴーヤーチャンプルーは「ずっと、入っていたらいいのに、と思っていた」海鮮入り。そこに「景色としては目立たないけど、味として新鮮なものを入れたくて、豆腐に似たような顔をしたモッツァレラを、味噌漬けにして入れてみました。そのままだとフレッシュすぎるし、ちょっとコクがあったほうが豚肉に合うかなって」。水分が抜け、茶色く縮んだモッツァレラは、火を入れると、うまくゴーヤーに絡まりました。皆川さんも一口食べて、「うん、やっぱり合う！」と満足げ。モッツァレラが香るゴーヤーチャンプルー、お酒がすすみそうです。

「宇宙人みたいですねえ(笑)」と皆川さん。奥は日本で手に入れたうつわ。手前は「北欧のうつわなのに和食器のような趣がおもしろい」スウェーデンのヴィンテージ。

RECIPES

買ってきたばかりの北欧のうつわにゴーヤーチャンプルー。
エビにホタテ、味噌漬けのモッツァレラを合わせて…
夏バテ解消の定番メニューも皆川さんにかかるとひと味違うものに。

## SEAさ～! ゴーヤーチャンプル!

■ **材料**

モッツァレラチーズ……大1個
味噌……適量
ゴーヤー……½本
エビ……3尾
ホタテ……3個
卵……2個
豚肉（薄切り）……100g
木綿豆腐……½丁
サラダ油……大さじ1
カツオ節……適量
醤油……大さじ1と½
みりん……大さじ1と½

■ **作り方**

1 モッツァレラチーズを味噌に1日浸ける。味噌をきれいに取り、一口大に切る。2 ゴーヤーは縦半分に切り、スプーンなどでわたをきれいに取り除き、厚さ2㎜の半月切りにする。ボウルに入れて塩（分量外）でもみ、洗ってから水気をきる。3 エビは背ワタを取り半分に切る。ホタテも半分に切り、エビとホタテに塩（分量外）をふり下味をつける。4 卵は溶きほぐす。5 豚肉は一口大に切る。6 豆腐は水切りし、手で一口大にちぎる。7 フライパンにサラダ油を熱し、卵を流し入れて半熟に炒め、取り出す。8 同じフライパンで豚肉とゴーヤーを炒め、ホタテ、エビ、豆腐を合わせる。9 モッツァレラチーズと**7**を入れ、醤油とみりんで味付けする。10 うつわに盛りつけ、カツオ節をちらす。

## パッションフルーツ

■ **材料**

パッションフルーツ……1個

■ **作り方**

1 パッションフルーツを半分にカットして盛りつける。

 ※材料はすべて2人分の分量です。

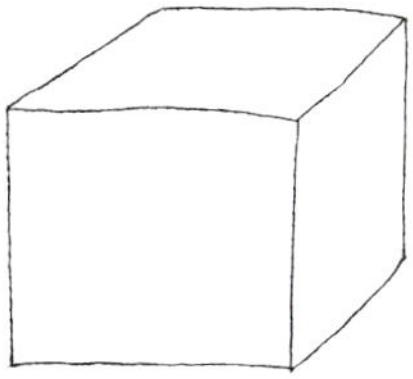

今日の食材

## 沖縄産《アバシゴーヤー》

「イボイボが立ってて、グリーンも強くて、たくましいですね。うまみと苦みのバランスもとてもいいです。さすが沖縄生まれ」

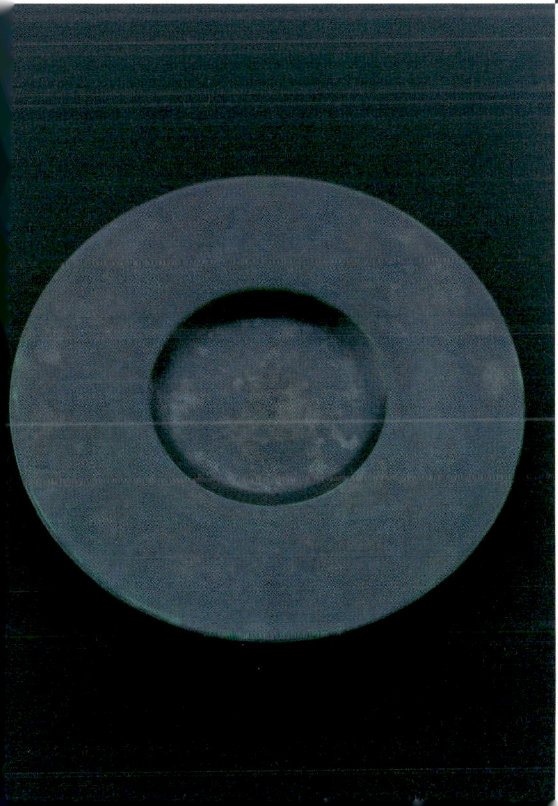

今日のうつわ

## Upsala Ekeby社のヴィンテージ

スウェーデンの陶磁器メーカーのうつわは「この間スウェーデンに行ったときにガレージセールで買いました。織部みたいな緑ですよねえ」。

SUMMER

# NO.06

## 夏の木陰で つまみましょっ。

夏の暑さから逃れるように、今回もミナ ペルホネンの保養所に行ってきました。小高い丘の上に建つ山小屋は見晴らしがよく、窓を開けると、心地よく風が吹き抜けます……バーベキューがしたくなってくる！

「今回はソーセージです」。皆川さんが庭に出て、勢いよく育つ庭のローズマリーを手に戻ってきました。「中に入れるハーブや味付けでいろんな種類が楽しめるので、みんなで食べるのにいいかなあと思って。前に社員でキャンプをした時にも作りました。楽しかったな」

そう言いながら、材料と絞り袋を取り出す皆川さん。あれ？ 機械は使わないのですか？ 「この場所なら、手で絞るのがいいかなあと思って。初めての挑戦です」。絞り袋を使って腸の中にひき肉を詰めるのは、大の大人でも大汗をかくほど大変な作業でした。その代わり、出来上がったソーセージの味はまた格別。さっぱりパイナップルと一緒に、おいしく外でいただきました。

パイナップルはプリミティブな作風で知られる北欧のガラス作家、エリック・ホグランのガラスに。「色と形に惹かれました。吹きガラスが好きなんです」

RECIPES

外に出て、バーベキューをしませんか？
今日のメインはみんなでわいわい作る、ちょっと特別な一品。
庭で摘んだハーブを入れた、自家製ソーセージです。

## 自家製ソーセージ

### ■ 材料

豚のひき肉 赤身……300g
豚のひき肉 脂身……200g
ショウガ……10g
大葉……5枚
ペパーミント……15枚
ローズマリー……1枝
ハーブソルト……少々
オリーブオイル……適量

### ■ 道具

手作りソーセージキット
（塩漬け天然羊腸、絞り袋、口金入り）

### ■ 作り方

1 羊の腸を2時間ほど水に浸けて戻す。2 ひき肉の赤身とひき肉の脂身を混ぜ、細かく刻んだショウガ、ハーブ、ハーブソルトを合わせる。3 口金をつけた絞り袋に**1**をセットし、**2**を入れ絞り出す。このとき空気が入らないように気をつける。4 8㎝ごとに皮をひねり、食べやすいサイズに区切る。5 **4**を乾かしたら、80℃のお湯で5〜10分ゆでる。ゆであがったら、プリプリとした食感を出すために冷たい水につけ、引き締める。6 フライパンにオリーブオイルを引き、軽く焦げ目がつく程度に焼く。

## マッシュポテトとセリのオリーブ炒め

### ■ 材料

ジャガイモ……中3個
バター……大さじ1
セリ……1束
ハーブソルト……適量
オリーブオイル……適量

### ■ 作り方

1 ふかしたジャガイモの皮を温かいうちにむいてマッシャーでつぶす。2 裏ごし器で**1**を裏ごしし、バターとハーブソルトを加える。3 セリをオリーブオイルで軽く炒め、ハーブソルトで味付けをする。4 **3**にマッシュポテト、ソーセージをのせる。

## パイナップル

### ■ 材料

パイナップル……好きなだけ！
ミント……お好みで

### ■ 作り方

1 パイナップルを食べやすい大きさにカットし、うつわに盛る。2 お好みでミントを散らす。


※材料はすべて2人分の分量です。

今日の食材

## 庭のローズマリー

「保養所の庭に、たくさんローズマリーがあるんです。摘んできたばかりのローズマリーを料理に使う。そういうの、いいですね」

今日のうつわ

## 安藤雅信の耐熱鍋パン

「やきもののうつわなんですけど、本当に便利で、直接火にかけられるんですよ。ちょっと不格好な、というか、ゆるい形もいいなあと思って」

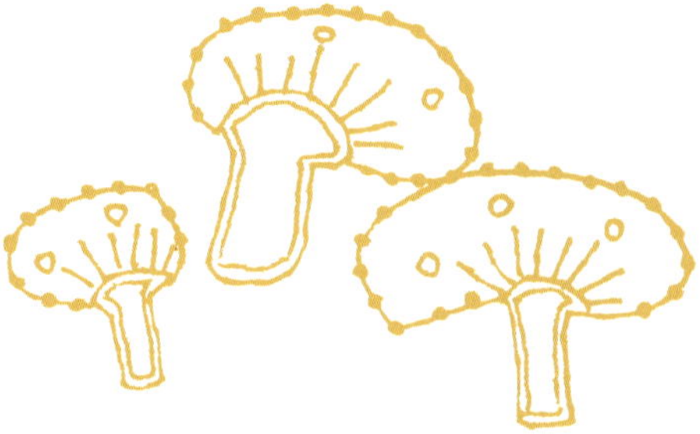

# 秋

## AUTUMN RECIPES

サンマにサツマイモ、ゴボウにキノコ……秋は滋味あふれる食材がおいしい季節。食材の風味を生かしたいから、シンプルな味付けを心がけます。肌寒い夜には、澄んだイワシのスープや、北海道の漁師たちの秋の定番、石狩鍋など、体をぽっと温めてくれるスープを。

NO.01 フツフツ白野菜のポトフ

NO.02 いつものいつもの。とっておきの上にのっけてあげる。

NO.03 光りもの練って丸めて星になれ

NO.04 おふくろの味ってこんなだっけ？

NO.05 色どり野菜とサーモンのあったまり鍋

AUTUMN

# NO.01

# フツフツ白野菜のポトフ

ミントブルーのうつわに真っ白いスープ、外に向かって飛び出すエシャロット……今日のまかないは、勢いがあって、とても愉快。まるでポストモダンの家具のようなルックスです。「実はこのメニュー、エシャロットを買ったときに思いつきました」と皆川さん。なるほど。「青いうつわは一見使いづらいようだけど、こういう白いものと合わせるときれいですね」

ベースにはすりおろしたカブと長芋をたっぷり。そこに、食感のアクセントとしてカリフラワー、エシャロット、ベーコンを加えます。「ちょっと涼しくなって、だんだんあったかいスープが飲みたくなってきたときのポトフです。長芋のとろみに、カブのさっぱりした苦みで清涼感を残しました」

ゴルゴンゾーラにカブの茎、さらに豆腐を合わせたサラダも白。口にするとゴルゴンゾーラのクセとカブの苦み、豆腐の甘みがうまく調和して、本当においしい！　ワインが飲みたくなってきました。

サラダを盛ったのは、夏のメニューでも使用した、友人マッシモ・ノルディオのガラスのうつわです。

RECIPES

ちょっとだけ涼しくなってきた秋の初めに飲みたいのは
涼しさを残した真っ白いスープ。
ミントカラーの北欧のうつわに、愉快に盛りつけます。

## フツフツ白野菜のポトフ

### ■材料

**カブ……6個**
**長芋……200g**
**カリフラワー……1株**
**オリーブオイル……適量**
**エシャロット……6本**
**ベーコン……20g**
**水……300mℓ**
**コンソメ……2個**
**塩……少々**
**コショウ……少々**

### ■作り方

1 カブ5個と長芋の皮をむいてすりおろす。2 残りのカブの皮をむいて8等分し、面取りして下ゆでしておく。3 カリフラワーは小房に分け、少しかために下ゆでする。4 フライパンにオリーブオイルを入れて熱し、エシャロットに焼き目をつける。5 ベーコンはブロックに切り、フライパンでじっくりと焼き目をつける。6 水を沸かしコンソメ、塩、コショウを入れる。7 **1**を入れ、へらでよくかき混ぜながら中火で煮込む。8 器に盛り、**2**、**3**、**4**、**5**を散らして完成。

## 豆腐とゴルゴンゾーラのサラダ

### ■材料

**カブの茎……3個分**
**塩……少々**
**豆腐……200g**
**ゴルゴンゾーラチーズ……20g**
**カボス……適量**

### ■作り方

1 カブの茎を3㎝ほどに切る。塩をまぶして水気が出たら絞る。2 豆腐をガーゼにくるんでぎゅっと絞り、水気を切る。3 ゴルゴンゾーラと**2**を混ぜ、さらに**1**を混ぜ合わせる。4 カボスを飾り完成。

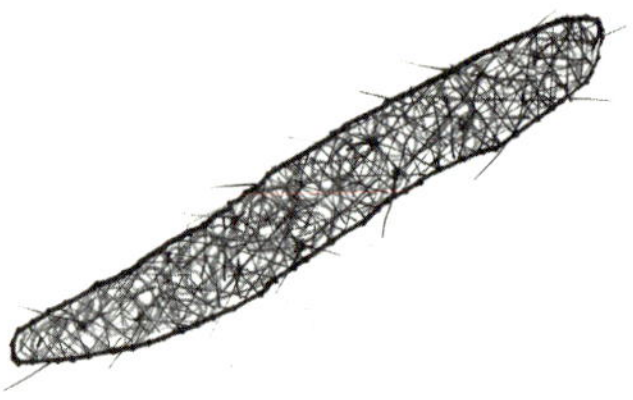



※材料はすべて2人分の分量です。

今日の食材

## カブ

「苦みのある食材が好きです。中でもカブは、いろんな使い方ができるからよく使いますね。今日のメニューには、水分がないものがいいと思います」

今日のうつわ

## スウェーデンのヴィンテージ

北欧で買ったうつわは「シンプルで持ち手の色とミントカラーのコントラストがすごくモダン。なのに色ムラがあってシャープすぎないところが好き」。

AUTUMN

# NO.02

## いつもの いつもの。
## とっておきの上に
## のっけてあげる。

魚市場で働いていた経験のある皆川さんは、魚の目利きです。魚をさばくのもお手のもの。そんな皆川さんらしく、今回は秋が旬、脂のたっぷりのったサンマ料理を作ってもらいました。
「よくスズキにローズマリーを詰めてオーブン焼きにするのですが、これをサンマでやったらサンマも少しイタリアンな感じになっていいかなあと。サンマというとまず塩焼きをイメージするから、今日はサンマだよって言ってこれが出てきたら、みんな驚くだろうな(笑)」。期待に顔がほころびます。
シュタイナーが提唱した、太陰暦に基づく有機栽培農法で丁寧に作られる立派なサツマイモも、もうひとつのメインです。「熊本県の阿蘇から取り寄せました。ここの野菜は味が濃くて個性が強い。だから、できるだけシンプルな味付けを心がけました」
皆川さんが作るのは、厳選した素材を生かす、男の料理でした。

サツマイモは安藤雅信の《銀彩一輪差し》をうつわに見立てて。トマトをのせた皿、テーブル共にタピオ・ウィルカラ作。デキャンタはエリック・ホグラン。

RECIPES

秋になると、にっぽんの食卓に必ず登場するザ・日本の魚、サンマも、ハーブを詰めて銀彩のうつわでいただけば、シックな北欧のヴィンテージにも合う大人の雰囲気に。

## サンマとマイタケのハーブ焼き

■ **材料**

**サンマ……1尾**
**マイタケ……1房**
**ローズマリー（生）……1枝**
**ハーブソルト（ローリエ、パセリ、セージ、ローズマリー、タイム）……2つまみ**
**ショウガ……1かけ**
**スダチ……1個**
**オリーブオイル……大さじ1**

■ **作り方**

1 サンマの内臓を除き、中にオリーブオイル半量を塗る。2 ショウガのすりおろしとローズマリーを詰める。3 表面に残りのオリーブオイルを塗り、ハーブソルトを1つまみ振る。4 マイタケを一口大に分ける。5 **3**、**4**をホイルで包み、鍋（温めた無水鍋が望ましい）に入れて弱中火で5分間蒸し焼きにする。6 盛りつけてハーブソルトを振り、スダチを搾る。

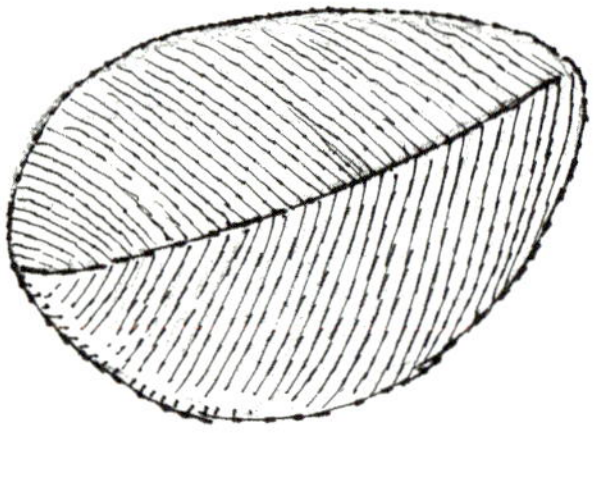

## サツマイモのソテー

■ **材料**

**サツマイモ……1個**
**オリーブオイル……大さじ1**
**有塩バター……10g**
**岩塩……少々**

■ **作り方**

1 サツマイモは皮をストライプ状に残してむく。2 厚さ3㎜の半月切りにする。大きければ一口大に切る。3 無水鍋の蓋に（フライパンも可）オリーブオイルを入れ、中火でソテーする。少し透明感が出てきたらバターを入れ、サツマイモが焦げないように注意しながら、軽くキツネ色になるまで火を通す。4 細かくした岩塩を振り、盛りつける。

## 完熟トマトのカルパッチョ

■ **材料**

**完熟トマト……1個**
**ブラックソルト……1つまみ**
**オリーブオイル（青みと辛みの強いもの）……大さじ1**

■ **作り方**

1 トマトはヘタを取り、4つに切る。2 皿に盛ってオリーブオイルを垂らし、ブラックソルトを振る。

 ※材料はすべて1人分の分量です。

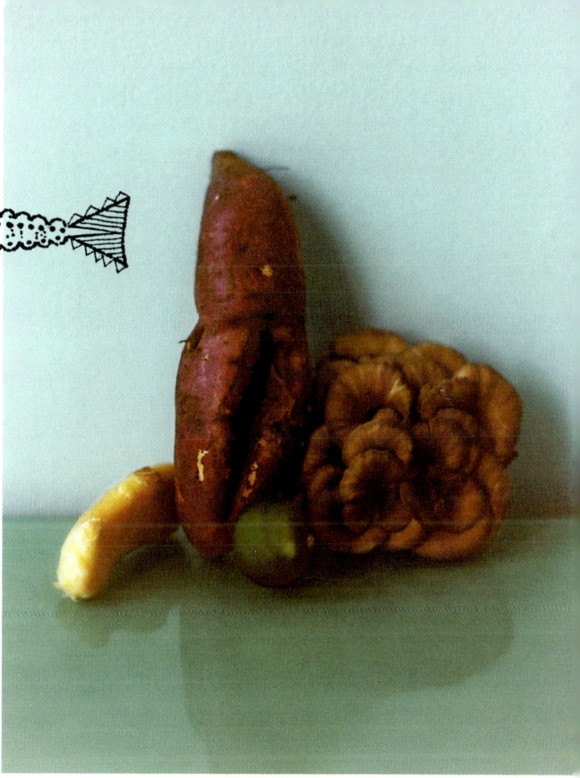

今日の食材

## 熊本県阿蘇産のサツマイモ

ルドルフ・シュタイナーが提唱したバイオダイナミック農法で作られたサツマイモは甘みが力強い。花のようなマイタケ、スダチ、ショウガとともに。

今日のうつわ

## 安藤雅信の《銀彩 くり貫細長皿》

「荒海のような表情に惹かれました。思った通りサンマにぴったり。手跡が見えて、洋食器のようで洋食器の姿をしていないところが好き」

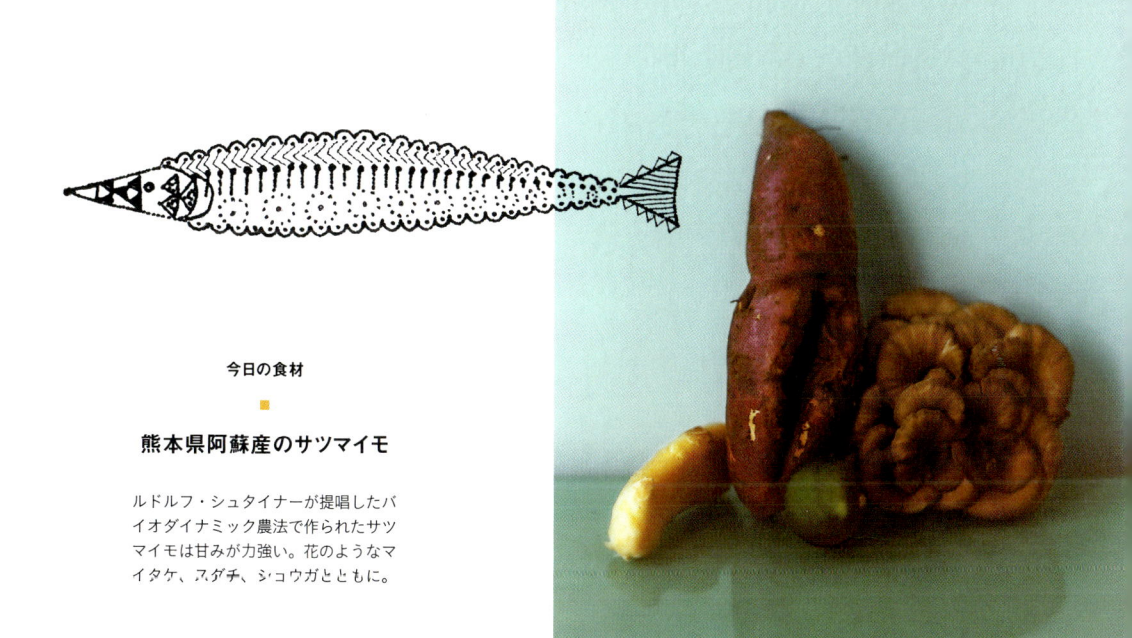

AUTUMN

# NO.03

## 光りもの練って
## 丸めて星になれ

　好きな魚は数あれど、中でもイワシは格別という皆川さん。
「イワシは安くておいしい魚の代表選手。ふだんは刺身で食べることが多いんですが、旬のおいしいものをいろんな食べ方で食べるのはいいなあと思って」
　大好きな食材が、アイデア豊富な皆川さんの手でどんなふうに変わるのか、楽しみです。
「火を通すと風味が独特に変わるところが面白いので、つみれにしてみました」と皆川さんがまな板の上に置いたイワシは、まるまる太って、目も黒々。生き生きとしています。
「冷凍のイワシは、体がちょっと曲がっているものを選ぶといいですよ。曲がっているのは、元気に動いているときに凍った証拠」
　さすが、魚の目利き！　勉強になります。
「ショウガと大葉を多めに混ぜたこのつみれには、油揚げ合うんじゃないかなと思って、おダシに浮かべてみました」
　風味豊かで温かい、秋にぴったりのつみれ汁が完成しました。

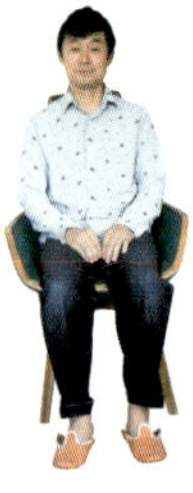

ころんと丸い石ころのようなうつわに-choucho-のファブリックを合わせたら…食卓がミナ ペルホネンの世界観に包まれました。

RECIPE

夜の風に混じる秋らしさが、日に日に濃さを増してきました。
今回は皆川さんが大好きな魚、イワシのつみれを使った、
体をポッと温めてくれるメニューです。

## イワシのつみれ汁

### ■材料

水……1ℓ
昆布……1枚
カツオ節……15g
イワシ……500g（8尾）
塩……小さじ⅔
ショウガ……1かけ
卵白……1個分
大葉……10枚
油揚げ……1枚
薄口醤油……大さじ1
酒……適量
姫ネギ……適量

### ■作り方

1 鍋に水と昆布を入れ30分ほど置いた後、中火にかけて沸騰する前に昆布を引き上げる。2 少し差し水をして、カツオ節を一気に入れ、再度中火にかける。3 カツオ節が上がってきたらすぐに火を消し、アクをすくってカツオ節が沈むまで待った後、濾す。4 イワシは頭を落とし、内臓を取り出して水で洗う。皮を除き、包丁で細かく切った後、包丁でたたく。5 **4**をボウルに入れ、塩を加えて粘りが出るまで練る。6 刻みショウガ（½かけ）、すりおろしたショウガ（½かけ）、卵白、刻んだ大葉を加えてさらに練る。7 鍋に**3**のダシを入れて温め、**6**をスプーンですくって入れる。8 あぶって1㎝幅にカットした油揚げを入れ、薄口醤油、酒を加えて、塩（分量外）で味を調える。9 うつわに盛りつけ姫ネギを添える。

 ※材料は4人分の分量です。

今日の食材

## イワシ

「大きくていいサイズ。大きいものは肉に厚みもあります。光りものはハリがあって目が黒く、エラから血が滲んでいないものを選ぶといいですよ」

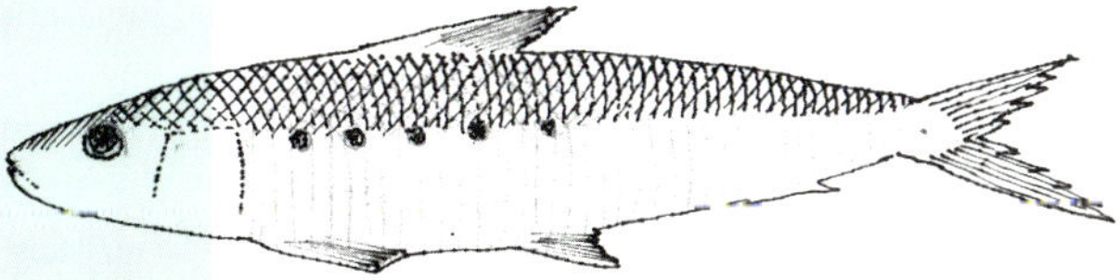

今日のうつわ

## 石ころのような片口

「薄いんですけどちょっといびつな、波打ってるようなところが好きで、そのバランス感もいいなと思って。日本酒を入れる酒器としても使ってます」

AUTUMN

# NO.04

## おふくろの味ってこんなだっけ？

秋は根菜がおいしい季節。冬へと向かう冷たい風に、立ち上る醤油の香りもいっそう恋しくなってきます。そんな時期にぴったりの、きんぴらごぼうを作りました。
「白っぽいきんぴらが作りたくて、醤油を白醤油に変えてみました。具はいつものゴボウとニンジンに、しゃきっと歯ごたえを残したセロリをプラス。また一番のポイントは、香草を加えたところです。発酵したような風味のある白醤油なら、この独特の香りにも負けないかなと思ったんですが、大当たりかも（笑）。色白で、甘辛いのにさっぱりとした、大人のきんぴらができました」
皆川さんはそう言いながら、スッとした佇まいが美しいうつわに、できたてのきんぴらごぼうを盛りつけます。
一緒に食べるごま塩むすびは、彫り跡が力強く残る木のうつわで。黒い革を敷いたら、土の気配を感じる秋のまかないが完成しました。

おにぎりをのせたうつわは鹿児島の、しょうぶ学園で一目惚れしたもの。「彫りたいという強い感情が見える形にとても惹かれます」

## RECIPES

秋が深まると、食卓にも深い味わいが欲しくなってきます。
今回は、土の中でじわじわ味を深めた秋のゴボウに
白醤油で風味を加えたきんぴらごぼうです。

### 色白きんぴらごぼう

**■材料**

ゴボウ……1本
ニンジン……1本
ゴマ油……適量
唐辛子……1本（好みで調整する）
酒……大さじ1
砂糖……大さじ½
みりん……大さじ½
白醤油……大さじ1
セロリ……1本
香草……1束
ゴマ……適量

**■作り方**

1 ゴボウとニンジンは洗って皮をむき、千切りにする。2 **1**を、酢（分量外）を少し入れた水にさらし、10分くらいしたらざるにあげて水を切る。3 フライパンにゴマ油と唐辛子を入れ強火で熱し、**2**を炒める。4 しんなりしてきたら、酒、砂糖、みりん、白醤油、千切りにしたセロリの順に加え、さらに炒める。5 汁気がほとんどなくなるまで炒め、刻んだ香草とゴマを入れて出来上がり。

### ごま塩むすび

**■材料**

ご飯……適量
塩……少々
白ゴマ……少々
海苔……適量

**■作り方**

1 手に塩をつけ、人数分のご飯を三角にむすぶ。2 皿に並べ、ゴマをふりかけ、海苔を添える。

※材料はすべて2～3人分の分量です。

今日の食材

## 七福醸造の《有機白醤油》

「小麦も大豆も有機のものを使ったいい白醤油を見つけました。風味は自然なのに味がすごく複雑なんです」

今日のうつわ

## スコットランドで買ったうつわ

「何より色がいいですね。表と裏のデザインがちょっと違うところもモダンだなあと思います。底が細くて盛り映えがするので、よく使います」

AUTUMN

# NO.05

# 色どり野菜とサーモンのあったまり鍋

日に日に冷たくなる風に、秋の深まりを感じる季節になりました。そんな今日のまかないは、ちょっと冷えた体を芯から温める石狩鍋。もともと北海道の漁師たちのまかないだった石狩鍋は、この本のテーマにもぴったりです。

深い土色が美しい伊賀・土楽窯の《黒鍋》は鍋をするときの皆川さんの定番です。そこに、同様に深い赤色をした北海道の赤味噌をびっしりと敷き詰めます。その上に皆川さんは、「トマトの酸味は味噌と相性がいいと思う」と、ミニトマトをてきぱきと並べていきます。最後に、北欧の鮭料理にはつきもののフェンネルをトッピングして、「ちょっと北欧風味の石狩鍋」が完成しました。

合わせたいくらごはんも、モザイクがきれいな青いガラスのうつわに盛れば、いつもとちょっと違った表情に。楽しい驚きが、なんとも皆川さんらしいまかないができました。

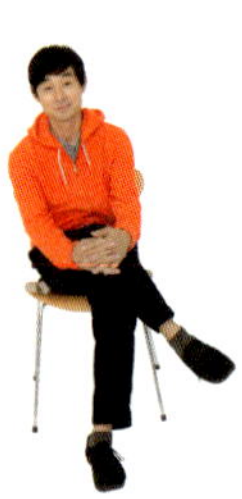

鍋にはちょっと贅沢に、新潟県魚沼市にある緑川酒造の日本酒《霞しぼり》を使います。

## RECIPES

北海道の漁師が食べ続けてきたまかないも
皆川さんにかかるとちょっぴり北欧風に。
肌寒い夜にワインと一緒にいかがでしょう。

### 色どり野菜とサーモンの あったまり鍋

#### ■材料

**赤味噌……80g**
**酒……70mℓ**
**水……適量**
**キャベツ……⅛個**
**生鮭の切り身……3枚**
**塩……少々**
**コショウ……少々**
**オリーブオイル……適量**
**タマネギ……1個**
**パプリカ……1個**
**ミニトマト……10粒**
**平茸……4個**
**フェンネル……2枚**

#### ■作り方

1 味噌と酒60mℓを混ぜる。2 鍋に水と残りの酒を入れ、スライスしたタマネギ、千切りしたキャベツの順に敷く。3 **2**を囲むように**1**を入れる。4 フライパンにオリーブオイルを熱し、塩、コショウを振った鮭を入れ、皮に焼き目をつける。5 **2**の上に**4**をのせ、周囲をミニトマトと平茸で囲む。さらに外側を8等分したパプリカで囲む。6 鮭と鮭の間にフェンネルを並べる。7 蓋をして火にかけ、熱が通ったら完成。

### いくらのごはん

#### ■材料

**ご飯……適量**
**イクラ……適量**
**万能ネギ……適量**

#### ■作り方

1 ほかほかの白いご飯に、イクラをのせネギを飾る。

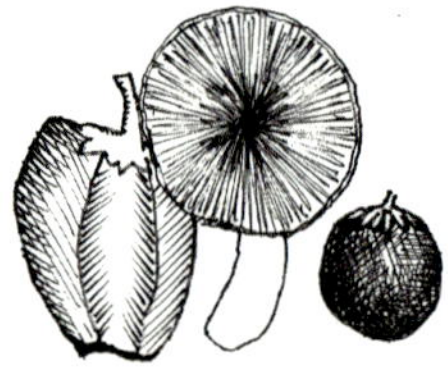


※材料はすべて2～3人分の分量です。

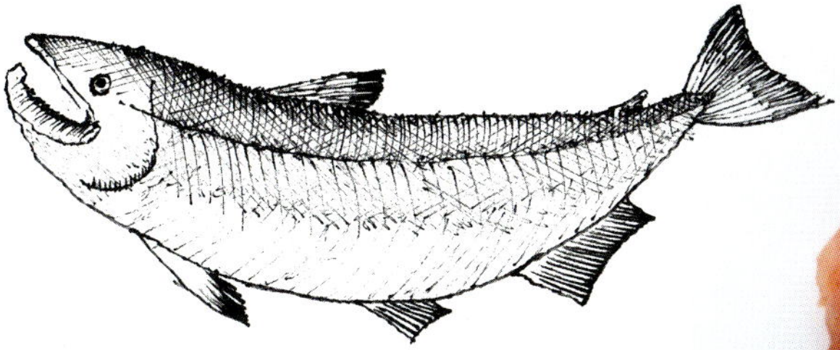

今日の食材

## 生鮭

「ガラスのレイヤーみたいできれいですね」と皆川さん。脂が筋状に入っているのはおいしい証拠。身の赤みと透明感、皮の色の美しさもポイントです。

今日のうつわ

## マッシモ・ノルディオのガラス

「ヴェネツィア在住のガラス作家からのプレゼントです。デザートに合いそうなうつわですが、イクラの透明感ともよく合いますね」

# 冬

## WINTER RECIPES

赤ワイン煮込み、カブのしぐれ煮、冬瓜のスープ……暗く寒〜い冬は、とにかく体を温めるまかないを。うつわも楽しいものを選んで、気分を盛り上げます。クリスマスはちょっと特別な肉メニュー。気心の知れた人たちと、静かにワインを飲みながらいただきます。

NO.01 キノココトコト
牛ホホの
赤ワイン煮込み

NO.02 まるいものから
つくったものを
まぁるく囲って
冬ごはん

NO.03 まぜて
まぜて
チョット
おいとく

NO.04 冬のデュエット
トーガン&テール

NO.05 トロットチーズ
で召しあがれ

WINTER

# NO.01

# キノコトコト牛ホホの赤ワイン煮込み

人の頭ほどもある大きなマイタケを手に現れた皆川さん。「今日はこれと牛ホホ肉の煮込みを作ります」。そう言いながらトントンと食材を刻み、フィンランドで買った、スッピロバハヴェロという香り深いキノコも一緒に鍋に入れて、コトコト煮込み始めます。

「大人数で集まった、少し寒い日の晩ご飯です。酸っぱめの北欧パンと一緒に食べたいですね」。繊維質な牛ホホ肉とマイタケが食感の、スッピロバハヴェロが香りのアクセントになった、温かく、やわらかい煮込みです。

合わせたのは、ジャガイモとサツマイモ、２種類のマッシュポテト。煮込みには定番の組み合わせですが、皆川さんはジャガイモにキャベツの千切りを入れて、うっすらグリーンに色づけます。これをガラスのデザート皿にのせると……まるでソルベのよう！　口にするとシャキシャキと、食感も軽快です。そんな、美しくて楽しいまかないができました。

ソルベみたいなルックスのマッシュポテトをのせたうつわは大正時代の日本の吹きガラス。「ヨーロッパのものを真似ていた時代のものだと思います。ゆがみもきれい」

## RECIPES

夜が涼しくなり始めた頃に
皆川さんが作ったまかないは、北欧の記憶をもとに作った煮込みです。
クセになる香りと心地よい食感がポイントです。

### キノコ コトコト 牛ホホの赤ワイン煮込み

#### ■材料

牛ホホ肉……400g
塩……小さじ1
コショウ……適量
小麦粉……適量
タマネギ……2個
セロリ……1本
ニンニク……1かけ
ニンジン……1本
オリーブオイル……適量
スッピロバハヴェロ
　乾燥……10g
　(フィンランドのキノコ。
　ポルチーニで代用可)
マイタケ……200g
赤ワイン……800㎖
トマトピューレ……⅔缶
メープルシロップ……小さじ½
ローリエ……2枚
ブーケガルニ……適量
クレソン……適量
ミニトマト
　(アメーラルビンズ)……適量

#### ■作り方

1 牛ホホ肉を大きめに切り、塩、コショウ、小麦粉をまぶす。2 タマネギ、セロリ、ニンニクをみじん切りに、ニンジンは4㎝くらいの長さに切り縦に4等分し、面取りする。3 鍋にオリーブオイルを熱し、ホホ肉の表面に少し焦げ目がつくまで焼いて、いったん取り出す。4 同じ鍋でタマネギをしんなりするまで炒める。セロリ、ニンニク、ニンジンを加え、じっくり炒める。スッピロバハヴェロ（またはポルチーニ）、マイタケを加えて少し炒め、**3**を戻す。5 赤ワイン半量とトマトピューレ、メープルシロップ、ローリエ、ブーケガルニを入れ弱火で煮込む。煮詰まってきたら残りのワインを入れて2時間ほど煮込む。6 塩、コショウで味を調える。7 皿に盛り、クレソン、ミニトマトを飾る。

### マッシュポテトのツインズ

#### ■材料

キャベツ……⅛玉
ジャガイモ(男爵)……2個
サツマイモ(金時芋)……1本
バター……30g
牛乳……適量
生クリーム……適量
塩……少々
パセリ……適量
ピンクペッパー……適量
オリーブオイル……適量

#### ■作り方

1 キャベツをみじん切りにする。湯通しして水気を切る。2 ジャガイモをゆで、串が通るくらいになったら取り出して、熱いうちに皮をむき、マッシャーでつぶす。3 **2**に**1**を入れる。4 サツマイモをゆで、串が通るくらいになったら取り出して、熱いうちに皮をむきマッシャーでつぶす。5 バターを**3**、**4**に、半量ずつ入れてよく混ぜ、牛乳、生クリームを加えてさらに混ぜる。なめらかになったら塩で味を調える。6 皿にジャガイモのマッシュポテトを盛り、パセリ、粗く砕いたピンクペッパーをふる。7 同じ皿にサツマイモのマッシュポテトを盛り、全体にオリーブオイルをかける。


※材料はすべて２人分の分量です。

今日の食材

## マイタケ

「見た目にも食感にもインパクトがある。キノコの中でも好きな種類です」。天然に近い食感と風味を目指し、3か月かけて栽培する大きなものを選んだ。

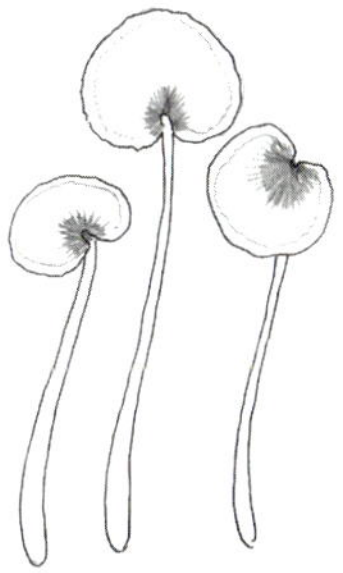

今日のうつわ

## Upsala Ekeby社の ヴィンテージ

旅の途中で手に入れた、スウェーデンの陶磁器メーカーのうつわ。「すごく単純で力強い感じがする。ゴロッとした力強い料理に合いそうだなあと」

WINTER

# NO.02

# まるいものから
# つくったものを
# まぁるく囲って
# 冬ごはん

　今回は、よく訪れる京都がテーマです。
「京野菜のカブでしぐれ煮をやってみたいなと思ったんです。食感の違いを楽しめるように、すったものとみじん切りと櫛形切りの３種類。そこにトマトの風味を加えてあげたらもっとおいしいかなあと。白と赤のミックスもきれいですね」
　リンゴのデザートにも、京都つながりで生八ツ橋（！）をトッピング。「グラニュー糖を溶かして煮詰めたリンゴを生八ツ橋の皮で巻いてニッキの風味で食べます。生八ツ橋は焼きリンゴの温度が移ると、もっとモチっぽくなっておいしい。連載を始めるとき、いつも当たり前に使っている食材の新しい使い方を試してみたいなと思ったんですが、今回はそれが実現できたかな」
　そう言いながら、沖縄のうつわに盛りつけます。「12月に沖縄で買ったばかりです。フラットな形と水玉の青がすごくきれいで、対比する色のデザートをのせたら素敵だろうなあと」
　皆川さんらしい、色にあふれたまかないができました。

正島克哉の片手土鍋で作ったクスクスに、奈良〈くるみの木〉のグラスに注いだ白いホットワイン。パリの〈メルシー〉で買ったリネンを敷いて…いただきます！

## RECIPES

今回のテーマは京都。ショップを構えるなど縁の深い京都の食材を自由な発想で使ったら…なんとも楽しい絶妙なコンビネーション！無国籍な鍋とデザートが出来上がりました。

### 赤いのと白いのと豚の鍋

■材料

カブ……6個
トマト……4個
豚バラ肉……400g
昆布ダシ……50mℓ
ショウガ……1かけ
ニンニク……1かけ
唐辛子……1本
ハーブソルト……少々
ユズの皮……適量
香菜……適量

■作り方

1 カブの半量をすりおろす。2 残ったカブの2個を5mm角、1個を16等分の櫛形に切る。3 トマトは1cm角に刻む。4 土鍋に昆布でとったダシを入れ、カブとトマト、すりおろしたショウガ、みじん切りにしたニンニク、ハーブソルト、唐辛子を合わせる。5 沸騰させないように注意しながら、中火で火を通していく。6 下ゆでし、アクを除いた豚バラ肉を合わせ、ハーブソルトで味を調える。7 カブとトマトに火が通ったら火を止め、香菜とユズの皮を添える。

### 焼き林檎と生八ツ橋のブランケット

■材料

リンゴ（紅玉）……1個
生八ツ橋の皮……16枚
グラニュー糖……適量
レモン……適量
シナモンパウダー……適量
干しブドウ……適量

■作り方

1 フライパンにグラニュー糖を薄く引き、溶けやすいように水をほんの少し加える。2 16等分の櫛形に切ったリンゴを並べて中火で火を通す。3 リンゴに透明感が出てきたら火を止め、レモンを搾る。4 取り出したリンゴに生八ツ橋の皮を巻いて皿に並べる。上からシナモンパウダーを振りかける。5 干しブドウを添え、グラニュー糖を溶かして作ったカラメルをかけてツヤを出す。

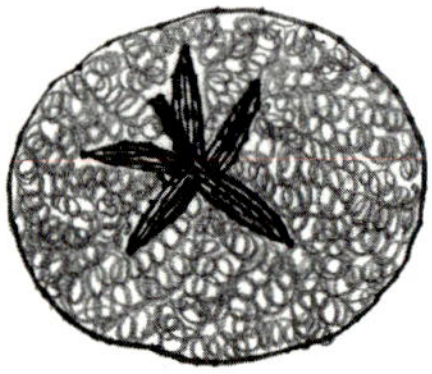


※材料はすべて2～3人分の分量です。

今日の食材

## 紅玉

「焼きリンゴはちゃんと酸味のあるリンゴで。沖縄の陶器市で買った大嶺實清さんのうつわは、真ん中に料理を高く盛ってもきれいだなと思います」

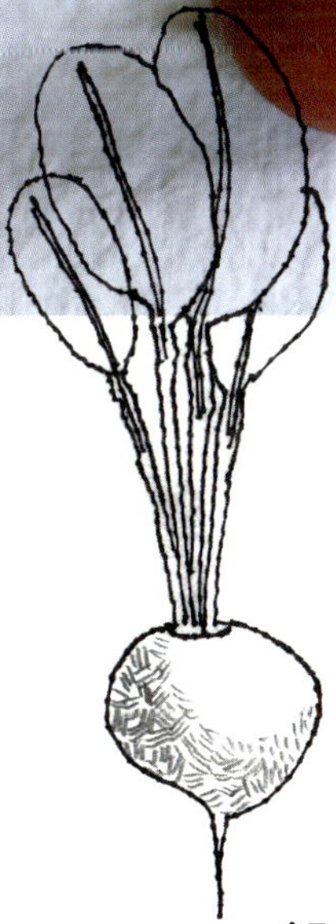

今日のうつわ

## 伊賀・土楽窯の土鍋

鉄釉を施した肌が美しい土鍋は七代目・福森雅武率いる伊賀・土楽窯の名品。「引っ越しのとき工務店の方からもらったもの。家でも会社でも使います」

WINTER

# NO.03

## まぜて まぜて チョット おいとく

今日のまかないは、塩昆布と小松菜のサラダに、おからの炒め物。

この２品は皆川さんにとって特別なメニューです。「ブランドを始めたころによく作っていた、僕にとって、本当の意味でのまかないです。この２つのいいところは、なによりも安くて簡単なこと。栄養があって食材として優秀なこと。その都度アレンジできるから、何度食べても飽きないこと」（笑）

いつもはローストビーフを合わせる小松菜と塩昆布のサラダに今日は季節の蟹を、おからには軽く炒めたネギと七味を合わせました。「七味を合わせたのは初めてですが、合いますね」と皆川さん。口にすると、やさしい食感の後にゴマ油とネギがふわ〜っと香り、七味がピリッ。お酒に合いそうな大人の味です。あのぼんやりしたおからが、こんなに存在感を放つとは！

楽しい発想が、素材の印象を何倍も強くする。ミナ ペルホネンの服作りに通ずるものを感じずにはいられないまかないでした。

「八《や》百《お》冬《とう》サラダ」と命名。冬の食材をアレンジしたサラダは「面分割してあるので使いやすい」安藤雅信のうつわに。

## RECIPES

ブランド創設時から作り続ける定番メニューが登場！
季節の食材を加えたり、大人の風味を加えたり。
皆川さんならではの楽しいアレンジでご紹介します。

### 八《や》百《お》冬《とう》サラダ

■ **材料**

**ミョウガ……3個**
**大葉……8枚**
**塩昆布……8〜10枚**
**小松菜……1束（18株）**
**ゆでた蟹肉脚……3本分**
**カボス……2個**
**イクラ……5g**
**山椒の葉……1枚**

■ **作り方**

1 ミョウガ、大葉を千切りにする。2 塩昆布を3等分に切る。3 小松菜の茎がほんの少ししんなりするくらいゆで、冷水につける。4 水気を切ってから6等分にする。5 **4**に蟹肉、ミョウガ、大葉、塩昆布を加えて和え、カボスを搾る。6 盛りつけ、最後にイクラと山椒の葉をのせ、カボスを添えて出来上がり。

### おからと海苔の白黒和え

■ **材料**

**おから……200g**
**ゴマ油……少々**
**ネギ……1本**
**水……50mℓ**
**酒……少々**
**三温糖……大さじ1**
**醤油……大さじ1**
**板海苔……2枚**
**七味唐辛子……少々**

■ **作り方**

1 おからをゴマ油で炒め、みじん切りにしたネギを加える。2 ネギに火が通り、ややしんなりしてきたところで、水、酒、三温糖、醤油を入れてさらに炒め、水気が飛んだら皿に盛る（炒めすぎてパサパサにならないよう気をつける）。3 板海苔を四角にカットして飾り、七味唐辛子を振って出来上がり。

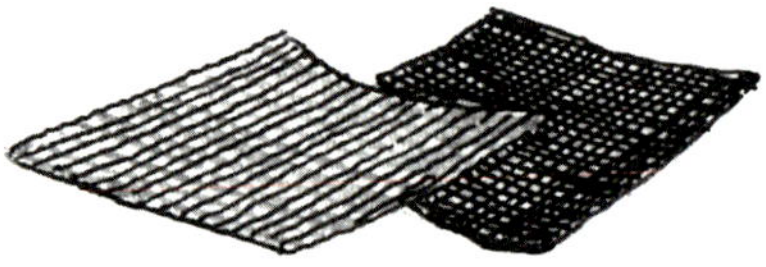

※材料は2人分の分量です。

今日の食材

## 小倉屋山本の《えびすめ》

大阪の老舗が作る、「塩ふき昆布」の元祖。「肉厚で塩気がまろやかなところが好きです。僕は、塩昆布といったらいつもこれ」。そのまま食べてもOK。

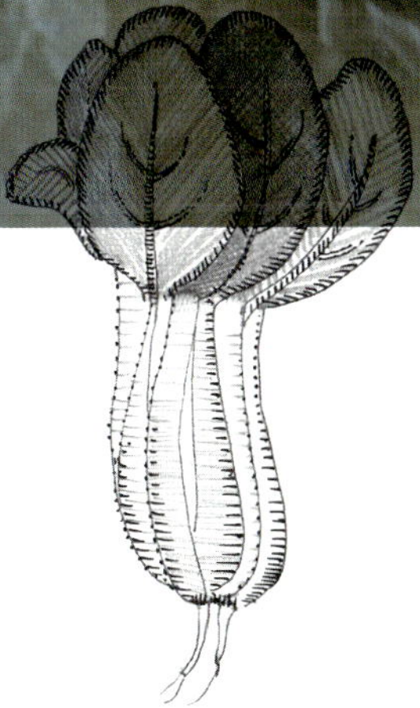

今日のうつわ

## 陶作家、安藤雅信の作品

「やっぱり色に惹かれて買いました。安藤さんはこういう抽象的な作品もすごく素敵なんですよね。高さがあって使い勝手もいいです」

WINTER

# NO.04

# 冬のデュエット
# トーガン&テール

　今日のテーマはクリスマス。「山小屋の暖炉でたき火をしながら、気心の知れた友人たちと静かに祝うクリスマスをイメージしました」。そう言って皆川さんは、牛テールのダシに塩とニンニクを加えただけの、シンプルな冬瓜のスープを作ってくれました。「牛テールと、そこにある野菜で作るスープです」。その土地の食材を使う楽しみも、まさに山小屋ならでは。

「透明なスープが作りたかったんです。透明だけど、牛テールのダシがちょっと脂っぽいから、ちゃんと濃厚な冬のスープ。このスープはいつもカブや大根で作るんですが、今日はもっと大ぶりな感じがやってみたくて冬瓜で。くり抜いて牛テールを収めたら、絵的にもいいかなと思って」。まんまるのモチーフを付け合わせのうつわと揃えて、どこか楽しげです。

「セロリはスープに入れたいところだったけど、香りがアクセントになるよう、あえて別にしてみました」

セロリの煮びたしをのせたのは、ロールストランド社のヴィンテージ。目玉のような模様が素敵です。

## RECIPES

冬も深まって、クリスマスももうすぐ。そんなころのメニュー。
暖炉にワインにロウソクにお肉…皆川さんがイメージしたのは、
静かで温かい、大人のクリスマスディナーでした。

### 冬のデュエット トーガン&テール

**■材料**

**昆布のダシ汁……1.5ℓ**
**牛テール……800g**
**ニンニク……1かけ**
**塩……適量**
**ローリエ……1枚**
**冬瓜……½個**
**ちりめんキャベツの葉……2枚**
**カボス……1スライス**

**■作り方**

1 昆布でダシを取る。2 牛テールを5㎝の厚みにカットし、油（分量外）を引いて熱したフライパンで表面に焼き目をつける。3 圧力鍋に**1**と**2**、つぶしたニンニク、塩、ローリエを入れて煮る。4 沸騰したらアクをとり、蓋をして20分圧をかける。5 冬瓜の種をくり抜き、厚さ3㎝に切って下ゆでする。6 **4**の蓋を外し、**5**の冬瓜とキャベツの葉を入れ、崩れない程度に煮る。7 うつわにキャベツを敷いて冬瓜をのせ、中央に牛テールを盛る。最後にカボスを飾る。

### セロリの煮びたし

**■材料**

**セロリ……1本**
**ダシ汁……500mℓ**
**醤油……少々**
**白練りゴマ……少々**
**白ゴマ……少々**

**■作り方**

1 セロリの茎の部分を長さ6㎝くらいにカットし、さらに縦に切る。2 熱したダシ汁に醤油を少し入れ、シャキシャキ感が残るくらい**1**をさっと煮る。3 **2**の粗熱を取って盛りつける。4 白練りゴマに醤油を少し入れて混ぜ、**3**の上からかけ、白ゴマを振る。

 ※材料はすべて3～4人分の分量です。

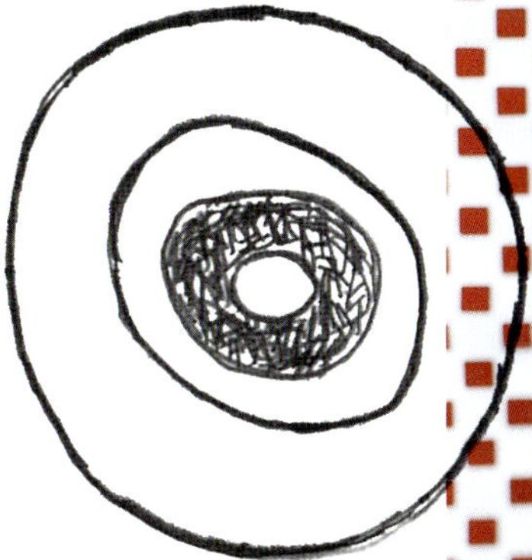

今日の食材

## 冬瓜

「カブや大根に比べて繊維が少なくて、スープの味を吸ってやわらかく仕上がります。具というよりはスープとしてなじんでくれるように思います」

今日のうつわ

## 長谷川奈津の灰釉大鉢

「料理を盛るとすごく映える。うつわとしての役割がちゃんとありますね。奇をてらわない正直さに、なっちゃんの人柄がすごい出てるなと思います」

WINTER

# NO.05

# トロットチーズで召しあがれ

「キャンティ・クラシコの醸造方法を始めたワイナリーのワインが手に入りました」と、うれしそうな皆川さん。クリスマスは、気心の知れた人たちとお酒を飲みながらゆっくり過ごすことが多いのだそう。今回はそんな夜のためのローストビーフです。

ローストビーフはキャンプでもよく作る皆川さんの定番ですが、今回はグリュイエールチーズを挟んで、ちょっと色っぽい大人の味に。「このチーズは、クセがないのにコクがあってクリーミー。ビーフと合いますね」。火を通すと姿を消してしまいますが、口に含むとふわっと香り、存在感を放ちます。確かに赤ワインが欲しくなってくる……！

降り続く雪景色を思わせるうつわに盛りつけ、クレソンで囲んだら……リースのようなひと皿が完成しました。マスカルポーネにのせたドライフルーツとミナ ペルホネンのウールブランケットが、あたたかな彩りを添えています。

下に敷いたのは、ミナ ペルホネンの余り布から作ったウールブランケット。ワインはイタリアの《ロッカ・グイッチャルダ・キャンティ・クラシコ》。

RECIPES

クリスマスの夜は、友人たちとワインを飲んで過ごしたい。
そんな大人のための、ローストビーフを作りました。
ふんわり香るチーズがアクセントです。

## グリュイエールチーズ ローストビーフ

■ **材料**

**牛モモ肉……380g**
**塩……少々**
**コショウ……少々**
**ローズマリー……2枚**
**グリュイエールチーズ……30〜50g**
**牛の背脂（国産）……50gくらい**
**オリーブオイル……少々**
**クレソン……好きなだけ**
**ブドウ（好きなもの）……好きなだけ**
**ピンクペッパー（ホール）……少々**

■ **作り方**

1 肉を室温に戻しておく。2 塩、コショウ、細かく刻んだローズマリーの葉（2葉分）を**1**に振りかける。3 **2**の横から2か所くらい、端を2㎝ほど残して深めに切り込みを入れる。4 **3**の切り込みにスライスしたグリュイエールチーズを挟む。5 **4**を包むように薄くスライスした背脂をつけ、たこ糸でくくる。肉とたこ糸の間にローズマリー1枝を挟み込む。6 オリーブオイルを強火で熱した無水鍋に**5**の肉を入れて焼き、まわりが少し色づいたら蓋をして弱火で10分蒸し焼きにする。7 たこ糸を切り、ローズマリーや残った脂を取り除いて盛りつける。8 クレソン、ブドウ、ローズマリー1枝をクリスマスリースのように飾り、ピンクペッパーを散らして出来上がり。

## ドライフルーツ・マスカルポーネ

■ **材料**

**マスカルポーネチーズ……100g**
**ハチミツ……小さじ1**
**ドライプルーン……3粒**
**ドライアプリコット……3粒**
**ミント……6枚**

■ **作り方**

1 マスカルポーネチーズとハチミツを混ぜる。2 **1**を絞り袋に入れ、切り込みを入れたドライフルーツに絞ってミントを挟む。

※材料は3〜4人分の分量です。

今日の食材

## グリュイエールチーズ

「ちょっと夏っぽい味（笑）」と皆川さん。原産はスイス・グリュイエール地方で、チーズフォンデュや、フランスではグラタンにもよく使われる。

今日のうつわ

## パリで見つけた
## イタリアの器

〈CERAMICHE NICOLA FASANO GROTTAGLIE〉の皿は「アクションペインティングみたいなところが背景としていいなと。肉にも魚にも合いますね」。

# 皆川 明のうつわコレクション。

皆川さんの料理は、うつわにのせて初めてその世界が完成します。合わせるうつわを考えるのも、料理を作るときのひとつの醍醐味なのだそうです。そんな皆川さんの食器棚には、レシピで紹介したもの以外にも、旅先などで集めたたくさんのうつわが並んでいます。中でも、とりわけお気に入りのうつわを、ガラスのうつわ、沖縄の陶芸家・大嶺實清のうつわ、注ぐもの、カッティングボードなど、ジャンル別に紹介してもらいました。

GLASSWARE

# ガラスのうつわ

抜け感を出したいときにはガラスがお役立ち。
佇まいは端正ながら、近づいてみれば
表情豊かなタイプが皆川さんの好みです。

**東青山で買った
スクルーフ社のボウル**

「北欧のうつわなのに両口に箸を引っ掛けられる驚き」。スウェーデン南部の「ガラスの王国」に工房を構える老舗のうつわは同国を代表するデザイナー、インゲヤード・ローマンのデザイン。

**形がユニークな水差し**

「どこでだったか、一筆書きのようにつながった取っ手のデザインがおもしろいなと気に入って、ずいぶん前に買いました」。太ったペンギンのようにも見える（？）、愛嬌のある形です。

**ガラス作家、辻和美の
《注ぐと受ける形》**

直径33cmのピッチャー。「宙吹きでこんな大きなうつわ、どうやって作ったんでしょうね。表情がとてもきれいで、ずっと見ていても飽きない。やさしくて力強い辻さんのガラスが大好きです」

### ガラスハンドルのケメックス

アメリカを代表するコーヒーメーカーといえばケメックス。イームズや柳宗理も愛用した。皆川さんの愛用は「持ち手までガラスでできているのが新鮮」な1980年代のデザイン。6人用。

### ハッリ・コスキネンがデザインしたボウル

「底がわずかに盛り上がって、水が溜まっているかのようなところがいい」。コスキネンはガラスに電球を閉じ込めた《BLOCK LAMP》で知られるイッタラ専属デザイナー。フィンランド人。

OOMINE JISSEI

# 大嶺實清のうつわ

おおらかで、激しくて、あたたかくて…
沖縄の大地そのもののような大嶺のうつわ。
毎年12月の窯出しが年の瀬の楽しみです。

▸ OOMINE
JISSEI

1, 5, 6, 7

## 青い染付のお皿

奥行きのある柄が料理を立体的に、おいしく見せてくれる大嶺の代表作。「よく晴れた沖縄の空のような、真っ青な色がきれいですね。ダイナミックな筆の跡もとても好きです」。読谷村にある〈やちむんの里〉で手に入れた。

2

## ペルシャブルーの杯

「いつも思うことは、喜びながら楽しみながらつくる時はいいものができる」と言う大嶺の姿勢を体現したような、目の覚めるような水色のうつわ。「きれいな色ですよね。使うたびに沖縄の海を思い出します」と皆川さん。

3

## 赤い小鉢

「赤というか、紫色のグラデーションがとてもきれいですね。ちょっと色っぽくゆらいでいるところが好きです。青菜のおひたしを小さく盛りつけたり、アイスクリームとベリーソースのデザートにも合いそうです」

4

## 緑釉の角皿

「なるべくブレンドしない山の土〝原土〟を使う」大嶺らしく、土の肌合いを感じる作品。「ソースやジャムを入れたりして使います。スクエアの形と釉薬のムラ感のバランスが気に入っています」

8

## 緑釉の平皿

緑釉は大嶺がよく使う代表的な釉薬のひとつ。深く、力強く、奥行きのある緑が美しい。「釉薬のたまりが景色を感じさせてくれます。藁で焼いたカツオのたたきなどが合いそうです」

9

## 蓋物

「大嶺先生のお庭にさりげなく置いてあったものを、気前よくお譲りいただきました。おひつ代わりにしたり、スープを入れたりして大切に使っています」

10

## 急須

大嶺自身が読谷村のギャラリーでも使っていたこともある大容量の急須は、「大きさ、模様と、どこをとっても大胆です。ひときわ存在感があるので、パーティーなど大人数のときに大活躍してくれます」。

**1**

### 小泉誠の琺瑯ケトル《kaico》

「琺瑯のケトルですが、取っ手と蓋に木が使われています。そのバランスが小泉さんらしい、端正なデザイン」。洗いやすさ、熱伝導のよさ、やけどのしにくさなど使い手のことを第一に考えた素直な形に、日本の天然木を加えた。

**2, 7**

### イギリスで買った古いオイルポット

「イギリスのアンティークショップで見つけました。2は左手用、7は右手用。ハンドルのついている位置が違うんです。それが対になっているのがおもしろいなと。カフェオレを作るときにミルクとコーヒーを入れています」

**3**

### 月《つき》兎《うさぎ》印《じるし》のスリムポット

「ふつうでいいなあと思って」。大正15年の創業時から「ゲット」の愛称で親しまれる藤井商店の琺瑯ブランド「月兎印」の、直火にかけられるコーヒーポット。昔と変わらず、日本の職人の手でひとつひとつ手作りされている。

**4**

### ヘルサ・ベングストンのロールストランド製急須

スウェーデンを代表するセラミックアーティストの代表作。「北欧の海を思わせる深い青が印象的。表にはヘリンボーンの模様が描かれ、なぞるとでこぼこしています。突き上げるような注ぎ口のおかげでお湯切れもいい」

**5**

### エリック・マグヌッセンのクラシックバキュームジャグ

「鳥のような顔つきがかわいいなと、会社でも使います」。デンマークのステンレスメーカー、ステルトン社でアルネ・ヤコブセンがデザインした「シリンダライン」に合わせた1977年のデザイン。ガラスの二重構造で保温効果も抜群。

**6**

### タカヒロ 細口ドリップポット《雫》ディモンシュ オリジナルカラー

10㎜の細いパイプが特徴のステンレス製ポットを7㎜にし塗装をツヤ消しブラックにしたカフェ・ヴィヴモン・ディモンシュのオリジナル。「パイプが下にあるおかげで傾けすぎず安定して注げます。特にネルドリップのときに重宝」

**8**

### シグネ・ペーション・メリンのティーポット&ウォーマー

「コルクとステンレスとガラス…素材のバランスがとても素敵。アンティークショップで買いました。蝋燭で温められるところもいいですね」。スウェーデンのメーカー、ボダノバから1958年に発表され手作業で作られ続ける代表作。

POT

# 注ぐもの

くちばしのような注ぎ口の形に惹かれ、
ついつい集めてしまった注ぐものたち。
コーヒーポットは実用性重視です。

左

## 〈ギャルリももぐさ〉で見つけた松本寛司の大きな板

木工作家で彫刻家の松本寛司作の巨大ボード。彫り跡も力強い。「これだけの大きさと迫力があれば、パーティーのときにお皿として使ったらすごくインパクトがあるなと購入」

中3点

## イチョウのまな板

食材に応じて使い分ける大小のまな板は、水はけがよく抗菌作用もあるイチョウの木を愛用している。「やわらかくて、刃あたりもいいです」。大木から取れる柾目材は長年使っても反りにくく狂いも出にくい。

右上

## 〈くるみの木〉で買ったメープルの板

「やわらかくて繊細な雰囲気に惹かれました。お皿として使うことも多いです」。受ける印象とは対照的に、硬くて丈夫なカナダ製のメープル。傷がつきにくいためプロの愛用者も多い。

右下2点

## 中村好文デザインのシンクにフィットするまな板

「ミナ ペルホネンの保養所のキッチンを設計した中村好文さんが、シンクに斜めに渡すまな板を作ってくれました。ここで食材を切って、ボウル目がけて落とせばいいというすぐれものです」

CUTTING BOARD

# カッティングボード

うつわとしても重宝する木の道具。
大きさや素材感など、使い勝手も大切ですが、
ルックスの第一印象も選ぶときの重要なポイント。

# 皆川さんが安藤雅信さんと始めたうつわづくり。

うつわ好きな皆川さん、最近は自分でも作品を作っています。2010年から４年間にわたり、陶作家の安藤雅信さんと一緒に陶作品を作り、展覧会も３度、開いています。２人の対談から、その始まりと今、そしてこれからについてご紹介します。

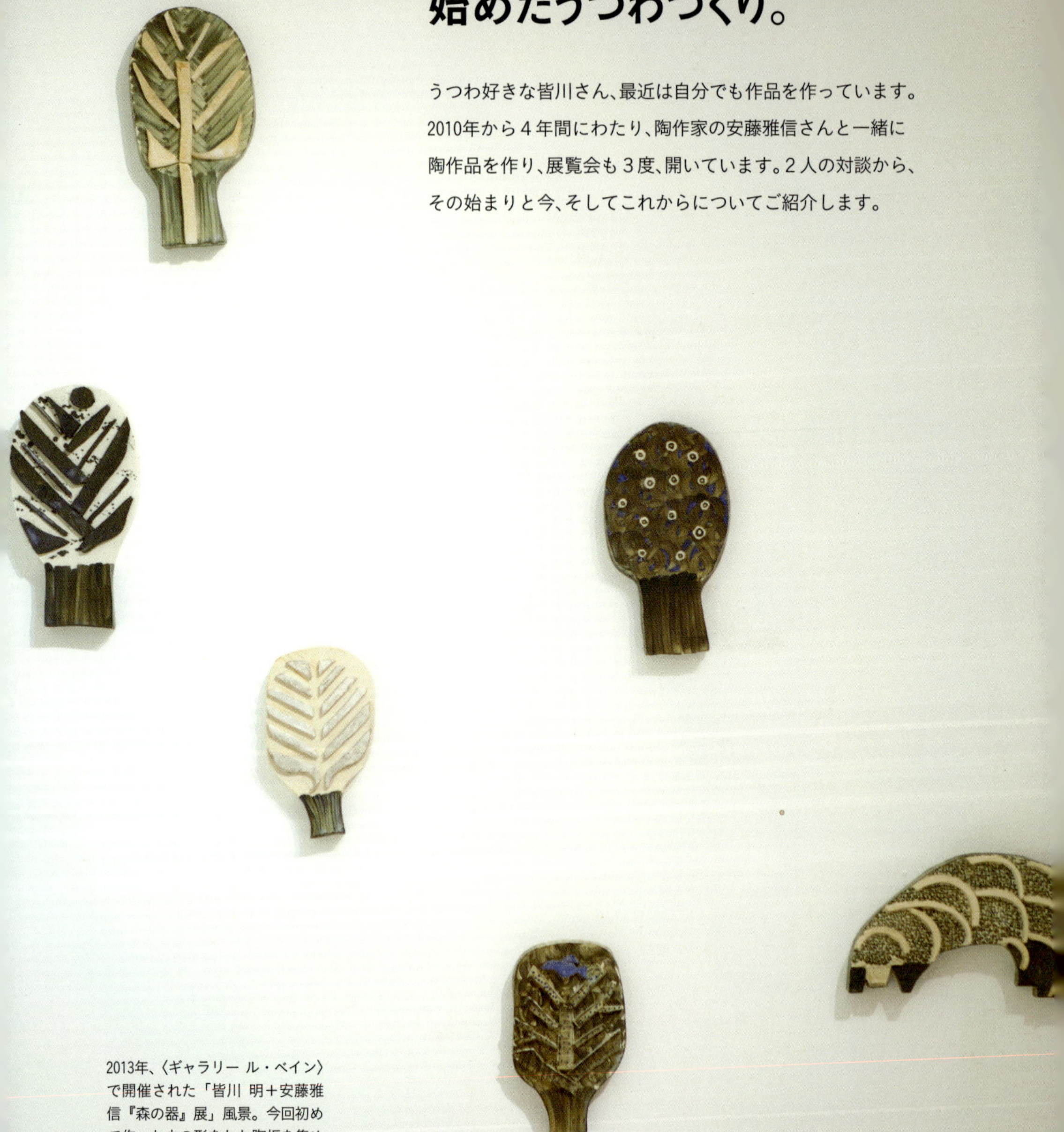

2013年、〈ギャラリー ル・ベイン〉で開催された「皆川 明＋安藤雅信『森の器』展」風景。今回初めて作った木の形をした陶板を集め、森のように展示した。

上左／2012年に開催された２度目のうつわ展「はねの器ハナの器」で発表された羽の形のうつわ。２枚を向かい合わせに置くとミナ ペルホネンの代表的なモチーフ、ちょうちょの形になる。上右／羽の模様を描くように料理を盛りつけられるうつわに、との願いを込めて、こちらも実は、上から見ると、羽の形をしている。下左／小さなちょうちょのモチーフを散らした深皿。下右／リースは皆川さんが好きなモチーフ。中央に隠れた動物が、料理を食べ進めるごとにちょっとずつ見えてくる楽しみも。

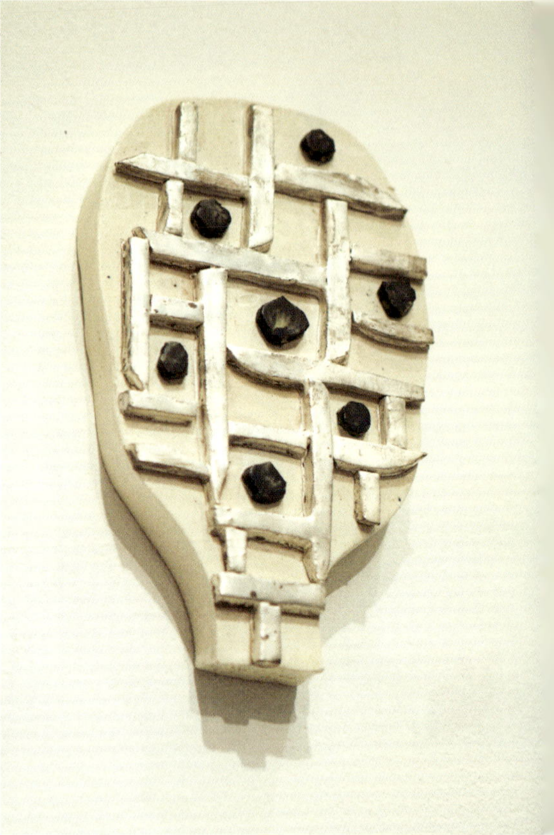

左上／焼きたてのクッキーみたいな肌に、安藤さんが得意とする銀彩を用いてグラフィカルな模様を描いたうつわ。左下／おおらかな筆のタッチが魅力のボウル。アンニュイな表情もいい感じ。右／皆川さんもお気に入りの一枚。銀彩を用いて雪の降り積もる冬の木を表現した。

上／2011年、初めての展示で発表した作品。うつわや陶板だけでなく、動物の形をしたオブジェも作陶した。下／2012年の作品。テーマに合わせた「はねの器」をメインに、そばちょこやマグカップなど、日常使いができるうつわもたくさん発表した。

# 多治見で作陶中の<br>皆川さんと安藤さんを訪ねました。

## 安藤雅信

1957年生まれ。日本の現代陶芸界を代表する陶作家。代表作に《オランダシリーズ》《銀彩ピューターシリーズ》など。岐阜県多治見市に生活道具を集めたギャラリー〈ギャルリももぐさ〉、レンタル工房〈studio MAVO〉を構える。

安藤さんは板状に伸ばした粘土を型に押し当て成形する「たたら作り」の技法を多用。

今回も「たたら作り」で。伸ばした粘土を、たたら板と糸を使って細長く切る。

別の粘土を好きな形に切り、作品に厚みを持たせるため、細長い粘土で土手を作っていく。

皆川さんの食器棚には、陶作家、安藤雅信さんのうつわがずらりと並んでいる。本書の「今日のまかない」レシピにも、何度も登場する。そんな大好きな作り手と皆川さんはここ最近、一緒にうつわづくりをしている。その経緯とうつわへの想いを伺いに、2013年の秋、３回目の展示会のために準備中の工房にお邪魔した。

――そもそもの経緯を教えてください。

**安藤**　出会う前から皆川さんのことも、ミナ ペルホネンというブランドも知っていました。そのものづくりの姿勢にすごく興味を持っていたら、あるとき岩手の山の中で偶然出会って（笑）。

**皆川**　そうでしたね（笑）。

**安藤**　矢継ぎ早に質問をしたら、即答してくれて、おもしろいなと。そしたらそのすぐ後にももぐさに来てくれて。僕のほうから「ぜひももぐさとコラボレーションしてほしい」とお願いしました。

――どんなお願いをしたんですか？

**安藤**　ミナ ペルホネンは、はぎれを利用して作品を作ったり、ほかのファッションブランドがやらないことをやっている。そのブランドとももぐさがコラボしたらどうなるのかなと興味がありました。そうして思いついたテーマが、「つくりの回生」。量産ではなく、残ったものを使って作る。作るってことへの責任をもってものづくりをしたいと思いました。まずは妻の明子が作っているサロンにミナ ペルホネンの刺繍をしてもらったり、逆にオリジナルの布を分けてもらって、それをサロンにしたり。それに、僕は皆川さんがリサ・ラーソンと付き合いがあって、形を作ることも、絵付けもできる人だということを知っていた。だから、きっと一緒におもしろいことができるだろうと。最初は僕の作った形に色づけをしてほしいとお願いしました。プロダクトと手仕事がどこまで歩み寄れるかの挑戦でした。

——皆川さんはどう思いましたか？

**皆川**　安藤さんのうつわについてはよく知っていたので、最初は緊張していました。でも、もともと陶器を作るということには興味があったので、お誘いを受け、ぜひやってみたいと即答しました。リサとのコラボは立体作品にグラフィックを描くという仕事でしたが、白と銀彩で成立している安藤さんのたたらのうつわに自分の絵を描くってどういうことかな、と深く考え、出来上がりを想像しました。自分らしさと安藤さんらしさ、その足し算だけじゃなく、重なる、混ざり合うという感じのうつわが作れたら素敵だな、と。

——どんなうつわができましたか？

**皆川**　前回はちょうちょの羽の形がうつわ

細長い粘土を用いて裏側の支えを作り、強度を持たせる。ここまでが安藤さんの仕事。

形ができたら裏返して皆川さんに渡し、筆で色をのせていく。

その上に、粘土を好きな形に切ったものをのせる。ここで立体的なモチーフを作っていく。

としてどう成立するかを考えて、ベースのラインを僕が作り、安藤さんには実際に形を作ってもらいました。今回はベースの形を安藤さんに作ってもらって僕の絵をのせていく、木の形をした陶板がメインです。

**安藤**　前に皆川さんが、ちらし寿司をのせる陶板を作ったことがあって、そういう発想ってあんまりふつうの人ってないから、おもしろいなと思って。今回は、それと同じ作りでやってみたらどう？　と提案しました。

**皆川**　その提案に僕が、それなら木の形でやってみたいと答えました。たくさん集めれば森になるな……とか、安藤さんとお仕事を始めてからもう４年ですけれど、最近やっと、安藤さんがパッと作ったものに対して、止まらないほどのアイデアが出てくるようになりました。もちろん仕事なので形がきれいにできることは大事なのですが、アイデアが湧くことにすごく意味を感じる。そういうふうに、躊躇しないで作れるのがすごく楽しい。開放感のある仕事です。

――安藤さん、皆川さんのうつわづくりをご覧になって、どうですか？

途中でまた色をのせることも。これはすべて皆川さんのフィーリング次第。

色をのせないものはひたすら粘土をのせていき、完成形に近づけていく。

粘土をのせ、色をのせ、を繰り返し、最後に色を微調整。

**安藤**　僕は基本的にうつわに絵をつけないので、皆川さんの絵が描かれると、うつわが別の次元にいくようでおもしろいですね。特に木のシリーズでは皆川さんが素の状態になって、子供みたいに描いていく。いいなと素直に感じます。

**皆川**　釉薬の特性を理解し、実践に活かすことはとても難しくて、焼くと色の濃さが変わる根拠がわからずに悩んだり、安藤さんのうつわに絵を描いているだけになっていないかなあとすごく悩んだ時期もありました。自分の好きな安藤さんのうつわ以上のやきものを作らなくてはいけないというプレッシャーが常にあります。

**安藤**　いいですね。苦悩してる姿もすごくいいと思う。むしろ、してほしいですね。

――木の形の陶板の出来はどうですか？

**皆川**　お互いが一回消えながらお互いにしかできないものを作る、２人にしかできないけど今までのどれとも違うものを作れたかなと思います。こういうのをずっと探してたのかな……。

**安藤**　今までは釉薬を塗ったあとに絵を描いてもらっていたんです。いわゆる上絵ですね。でも今回は初めて、生の状態に絵を描いてもらった。そしたら筆のタッチがすごく生きた。シンプルな木の形を作って、そこに粘土をつけていくという、その技法も体に合ったみたいだし。

**皆川**　４年目でようやく何か見えてきたかなという感じがします。

**安藤**　木の形のシリーズは発展性がありそうですね。

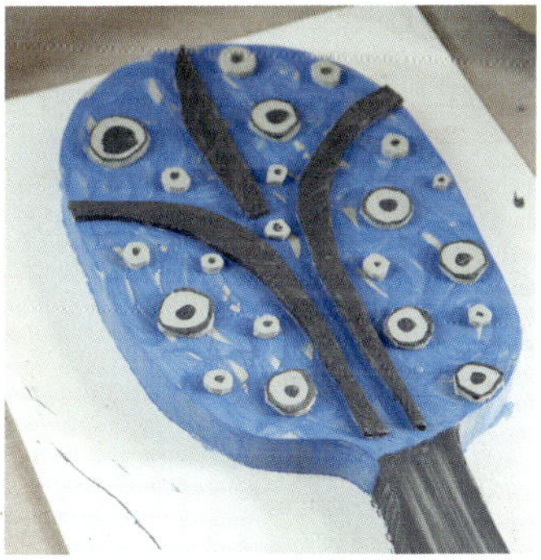

これで完成。あとは乾くのを待ってから、窯で焼きます。

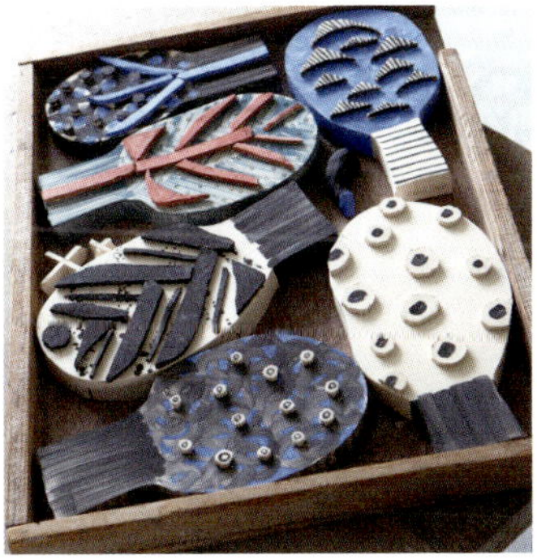

火を入れるとこんなに色が変わります。これはまだ試作。この後も試作を繰り返し完成。

＼ 買える! ／

# ミナ ペルホネンのプロダクト。

ミナ ペルホネンの世界観がたっぷり詰まった食まわりのデザインをご紹介します。

**cooffee カップ&ソーサー**

長崎県の波佐見焼から、コロンと丸い鳥の形のカップ。ナラの木で作ったソーサーにのせた。たくさん並べると、森に集う鳥たちのような景色が楽しめます。直径６㎝×高さ13.5㎝(台座含む)。7,020円。

**fu 湯のみ -choucho-**

カタカナの「フ」の字をイメージしたやわらかなシルエット、ナラ材の台に支えられて安定する繊細さも魅力の波佐見焼。写真の-choucho-のほかに、一輪の花が咲く-peony-もある。直径８㎝×高さ7.5㎝（台座含む）。3,564円。

**whip グラス**

sghr（菅原硝子工芸）の職人による熟練の技術が光る美しい薄口グラス。ナラ材の台座から持ち上げると、絞り出したばかりのホイップクリームのようなフォルムの底面が顔を出す。直径６㎝×高さ7.5㎝（台座含む）。3,564円。



※価格はすべて税込みです。
問合せ／ミナ ペルホネン☎03･5793･3700

## pudding 湯のみとマグカップ

波のようなモチーフにシャーベットカラーがスイーツを思わせる、キュートな湯のみとマグカップは、スタッキングもできる。それぞれホワイト、ピンクベージュ、ミント、ブラウン、ラベンダーがある。手前／湯のみ 直径６cm×高さ9.5cm 各1,728円。奥／マグカップ 直径７cm×高さ10.5cm 各2,592円。

## 葉っぱのコースターとランチョンマット

コルクシートにミナ ペルホネンの人気テキスタイルを貼ったコースターとランチョンマット。コースターが大小それぞれ４パターン、ランチョンマットは２パターン。ミナ ペルホネンの余り布から生まれた新たなプロダクトを扱うショップ〈ピース,〉で展開している。コースターＳサイズ 14cm×８〜12cm 900円〜972円。コースターＭサイズ 19〜26cm×15〜17cm 1,600円〜1,720円。ランチョンマット40〜42cm×21〜27cm 4,000円〜4,320円。

## こどものうつわ -choucho-

磁器よりもしっとりとした手触りで温かみがあり、陶器よりも割れにくい〝半磁器〟素材で作った子供用食器のシリーズ「choucho」。ふんわりやわらかい卵形のフォルムにシャーベットカラーがやさしい雰囲気。うつわの側面には、ちょうちょのレリーフがリズミカルに並んでいる。カップはそこに指をあてると持ちやすく、うつわは食べ進めていくうちに模様が見えてくる楽しさがある。それぞれホワイト、イエロー、グリーン、ブルー、ピンクがある。上から／カップ直径7.6cm×高さ7.5cm 1,620円、おわん直径11.7cm×高さ５cm 1,836円、おさら直径17.5cm×高さ3.3cm 1,944円、おおきなおさら直径24.5cm×高さ2.7cm 各3,456円。

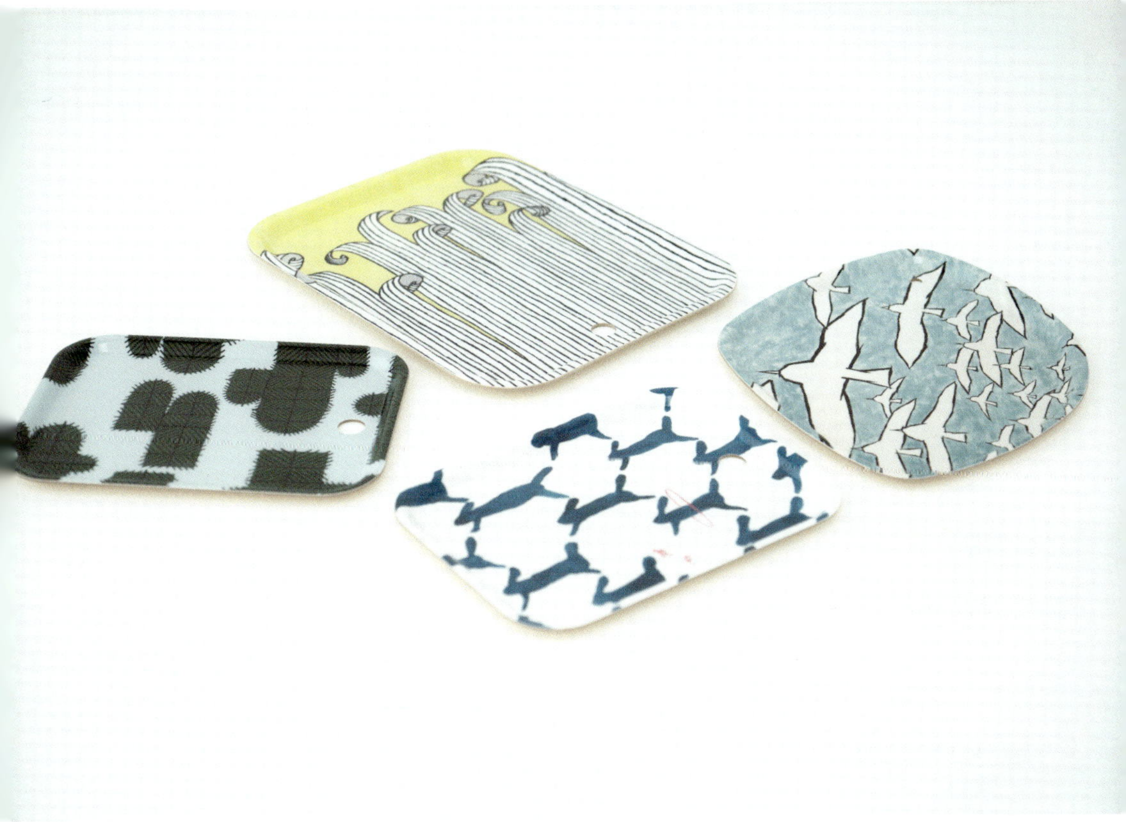

## tray トレイ

アーカイブから最新のシリーズまで、ミナ ペルホネンのさまざまなテキスタイルをまとった白樺のトレイ。スタンダードなスクエア型は小さいサイズをお茶の時間に、大きいサイズはパーティーにと、用途に合わせて選びたい。羽型は2枚を向かい合わせに置くと、ミナ ペルホネンらしいちょうちょの羽の形が浮かび上がる。手前から、スクエア型（小）run run run、cactus各3,780円、羽型wataridori5,400円、スクエア型（大）swing6,696円。

## peanuts グラス

sghr（菅原硝子工芸）のグラスは、くびれたフォルムがユニークで持ちやすい。ビールを入れたりジュースを入れたり、一輪挿しとして使ったり…自由な楽しみ方をしたくなる。涼やかな透明のclear、内側にサンドブラスト加工を施したすりガラスタイプwhite、飲み物を入れると顔が浮かび上がるタイプも。顔つきはホワイト、ブルー、パープル、クリア、ブラックがある。直径4.5cm×高さ13.5cm。clear2,592円、white3,564円、顔つき3,780円。

## 手ぬぐい

食べものを包んだり、手や食器を拭いたり…さまざまに使える便利な手ぬぐい。写真はミナ ペルホネンの21のモチーフが並んだperhonens（green、blue）、jellybeans。縦110.5cm×横36.5cm。各1,296円。

## WASARA×minä perhonen ピクニックキット

おもてなしの心を表す紙皿《WASARA》が、５周年を迎えミナ ペルホネンとコラボ。角皿にボウル、タンブラー、tambourineがプリントされたナプキンなどピクニックに必要な一式がletter of flowerの風呂敷に。4,423円。

**beads カップ&ソーサー**

アンティークビーズのようにも見える小さなカップと楕円のソーサー。単色はブルー、ホワイト、ピンク、グレーの４種の釉薬が細かな溝に溜まり、陰影が美しい。ネイビーとオレンジのラインが一本、潔いタイプも。カップ直径５cm×高さ５cm。ソーサー縦10cm×横16.5cm。手前から、単色各4,536円。ライン入り4,860円。

**ku マグカップとカップ&ソーサー**

ひらがなの「く」をイメージしたハンドルのカップ。長崎県の波佐見で作られている。柄はそれぞれ、一輪の花が咲く-peony-とちょうちょが舞う-choucho-（blue、silver）がある。マグカップ直径7.5cm×高さ9.5cm 各3,024円、カップ＆ソーサー カップ直径７cm×高さ８cm、ソーサー縦10.5cm×横13.5cm 各4,320円。

## nolla マグカップ

１日の始まりをまっさらな気持ちで始めたい、気分をリセットしたい…そんなときに最適の、フィンランド語で「０」を意味する名前のマグカップ。本体や持ち手のフォルムを数字の０からイメージした。スタッキング可能。手前から、ホワイト、ブラウン、ライトブルー、グリーン、チャコール、ライトグレーの６色。直径8.7cm×高さ10.3cm 各2,700円。

# 皆川 明のキッチン道具。

食材と人をつなぐ名脇役が、キッチンツール。お気に入りの道具があれば、料理はもっと上手に、楽しくなってきます。鍋に包丁、フライパンなど、皆川さんの暮らしに寄り添う愛用の調理道具をジャンル別に見せてもらいました。選ぶ理由は…？ 「一目惚れすることもありますが、やっぱり最も重要なのは機能。機能を追求したものは自ずと美しいものが多い気がします」。道具の選び方や使い方から、皆川さんの料理に対する哲学も見えてきます。

LA
STAUB

BOIL

# 煮る。

料理好きにとって欠かせない調理道具の筆頭が鍋。
グツグツ煮込む料理が好きな皆川さんにとっても
必需品です。コロンとしたルックスも魅力的。

▸ BOIL

1

## 野田琺瑯の蒸気鍋

蓋付きの内鍋、一穴スノコやアミなどのパーツで蒸し料理に最適な環境を実現した琺瑯鍋。湯が1.8ℓ入るため、50分連続して蒸し続けられる。「蒸したりいろいろ重宝する、万能鍋」

2

## アルミの雪平鍋

「簡単なお味噌汁なんかはこれで作ります」。煮込みやパスタソースなどを作るときにも役立つ片手鍋。アルミ製は軽いうえ、火の通りもいい。口が両側についているのもポイント。

3

## 無水鍋

水を使わず食品に含まれる水分で調理ができる日本初のアルミ合金鋳物厚手鍋。蒸す、煮る、ゆでる、炒める、焼く、揚げる、ができ、オーブン代わりにもなる。「便利でよく使います」

4

## スウェーデン製の鉄鍋

スウェーデンのアンティークショップで見つけた鉄製の鍋。少人数の食事にさっとスープを作り足すときなどに使っているそう。

5

## ストウブのオーバル

「〈菜の花とキンメの春鍋〉のまかないを作るときに使いました。金目鯛がちょうど一尾入る、オーバルの37cmです。食材のうまみを引き出すならやっぱりストウブがいいですね」

6

## スウェーデンのミルクパン

「太くてまっすぐな持ち手とか、大きさとか、見た目に惹かれてしまいました。潔いブルーと白の塗り分けもいいですね」

7

## 寸胴鍋

「合羽橋で選んだ、直径26cmの寸胴鍋です。たっぷり入るので、大人数を招いてスープを作るときなどに重宝します」。底面に熱効率の高い三層鋼を使用している。内部に計量メモリつき。

8

## 南部鉄 盛栄堂(及源鋳造)の鍋

ムラなく、焦げつきにくく調理でき、冷めにくい南部鉄器の鍋。「両脇から蒸気が出せる、日本の定番。シンプルなデザインと、圧力鍋のような機能が魅力です」

1

### 木製しゃもじ

「しゃもじやヘラは、なんとなく、いい形だなあと思うと手に取ってしまいます。これは合羽橋で手に入れたものですが、直線的なムダのないラインのデザインが気に入っています」

2

### 真鍮の穴空きお玉

「鎌倉の〈もやい工藝〉で見つけました。雰囲気がよかったので迷いませんでした」。鍛金家・原口潔が、真鍮をひとつひとつたたいて作成する。経年の変化も楽しみな素材だ。

3

### ステンレスのお玉

「社員旅行などで大人数分のスープを作って取り分けるのにちょうどいい大きさ。1すくいでちょうど1人分くらいです」

4

### 柳宗理のレードル

「横から見るとわかる微妙なカーブのおかげで、手にフィットしてとても持ちやすい。すくう部分の両サイドも細くなっていて、注ぎやすい形だなあ、と使うたびに感心してしまいます」

5

### 竹製のヘラ

「かきまぜたり炒め物をしたりするときに使います。大きさが絶妙です」。竹はしなやかで適度な強度を持ち、鍋やフライパンに傷がつきにくい。

6

### マッシャー

「これも合羽橋で見つけました。持ち手で選んでるのかも。この持ち手の存在感だけで思わず手に取ってしまいました」

SCOOP

# すくう

形のいいものに一目惚れすることはあるけれど、
握って使う、手に直接触れる道具だから、
何よりもフィット感で選びたい。

CUT

# 切る

外出先で料理をするときも、包丁だけは自分のものを持っていくという皆川さんのお気に入りを見せてもらいました。

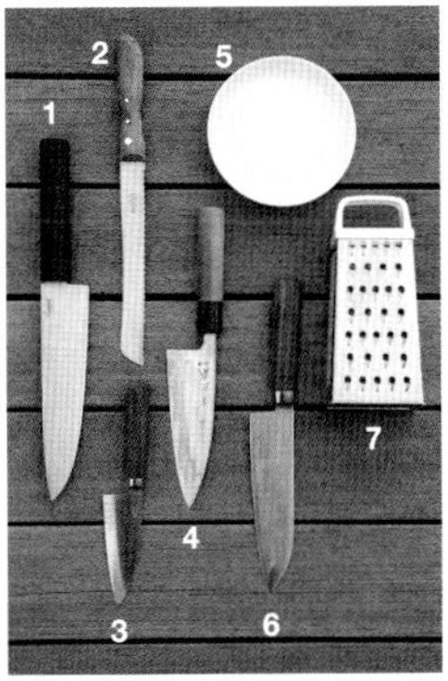


1

### クチポールの文化包丁

「ミナ ペルホネンの保養所で、社員が日常使いできるようにと、いろんな種類をセットで買いました。強度があるところもいい。シンプルなデザインで、収納してもきれいです」

2

### ロベルト・ヘアダーのブレッドナイフ

創業130年を誇るドイツメーカーの名作は、世界で唯一、断面が薄いくさび形になる刃付けの伝統技法を継承。「刃の形が違うせいか切れ味がよく、持ちやすい。デザインも美しいです」

3, 6

### タダフサの包丁

「にぎりのやわらかい印象がいいですね。最初デザインが気に入ったのですが、あたりがやわらかくて、使い心地もすばらしいです。小さい小手刃は魚用に」

4

### 正本総本店の出刃包丁

「三角の持ち手が手にフィットするよう工夫されている。とても握りやすいです」。切れ味が鋭く、あたりがソフトで切り口もきれい。プロからの信頼も篤い江戸時代創業の老舗の名作。

5

### ポーレックスのおろし器

「底にシリコンの滑り止めが張ってあるので、力がかけやすい。目詰まりもしにくくて、使いやすいですね」。セラミック製なので、食材の風味を損なわない。

7

### チーズグレーター

「特別なところはありませんが、これがあれば十分」。削り方を粗削り、細かい削り、細削り、薄削りから選べる。削ったものは内側にたまる。上部のハンドルのおかげで安定感がある。

上段左

### 挟んで使う魚焼き網

焼き魚は強火の遠火で焼くと外はカリッ、中がフワッと仕上がり、うまみもぎゅっと凝縮される。ガスを使ってできるだけ理想的な焼き魚を作るための、必需品。

上段中・右

### 金網つじの《手付きセラミック付き焼き網》

京都・高台寺の老舗の、セラミック付きトースト焼き網。「伊藤まさこさんのおすすめです。ガスコンロで使っても、セラミックの遠赤外線効果で芯まで火が通り、ふっくら仕上がります」

中段

### 中華鍋

「水を張って、蒸籠とセットで、蒸すために使うことが多いです。大人数の炒め物にも」。鉄製なので火の通りもいい。

下段左

### LODGEのスキレット

ダッチオーブンと同じ製法で作られる、アメリカNo.1鋳鉄メーカーのフライパン。火のあたりがやわらかくムラなく加熱。うまみも凝縮。「深いのでアウトドアでローストビーフを作る用に」

下段右

### 《魔法のフライパン》

従来の３分の１、1.5㎜の薄さを実現。鉄なのに片手で持てる軽さ、熱効率のよさが人気。「素材がいいんでしょうかね、お肉を焼くときの火の入り方がすごくいいです。一体型のデザインも気に入っています」。錦見鋳造製。

GRILL

# 焼く

肉に魚、トーストと、グリルの道具は食材別に用意。
料理の仕上がりは火の通り方にかかっているから、
自然と熱伝導のよい鉄製のものが集まってきます。

OTHERS

# その他の道具

キッチンのスタメンを支える名脇役たち。
機能性も抜群だが、
より見た目の好みを重視した逸品揃い。

1

## オオヤコーヒーの《特性ネルドリップセット》

「ふつうのフィルターよりも丸く底に溜まるので蒸らしやすい。ひとりでコーヒーを淹れて飲むときはだいたいこれを使います。何度でも繰り返し使えるのもいいですね」

2

## FUTAGAMIの《栓抜き・三日月》

富山の真鍮メーカーの生活用品ブランドの栓抜き。三日月を瓶に引っ掛けて使う。「栓抜きに見えないデザインが秀逸。使い勝手もいいです」。外側はヘアライン、内側は鋳肌仕上げ。

3

## ライヨールのフォールディングナイフ

蜂のマークが刻まれた世界最高峰のソムリエナイフ。「ソムリエナイフといえばここ。フレンチの店では、ライヨールのフォークやナイフを使っているところが多いですね」。栓抜き付き。

4

## ニットの鍋つかみ

「たぶん手編みだと思います。このゆるさと色合いがいい。シンプルだし飽きもこないかなと思って選びました」

5

## 岩手の丸輪鍋敷き

「民芸品でしょうか。土鍋とか、底が丸いものの納まりがいい」。その通り、そもそも土鍋用に作られたものだ。やわらかいトウモロコシの繊維で編まれているのでテーブルを傷つけない。

# 皆川さんと仲間たちのために
# 中村好文さんが考えたキッチン。

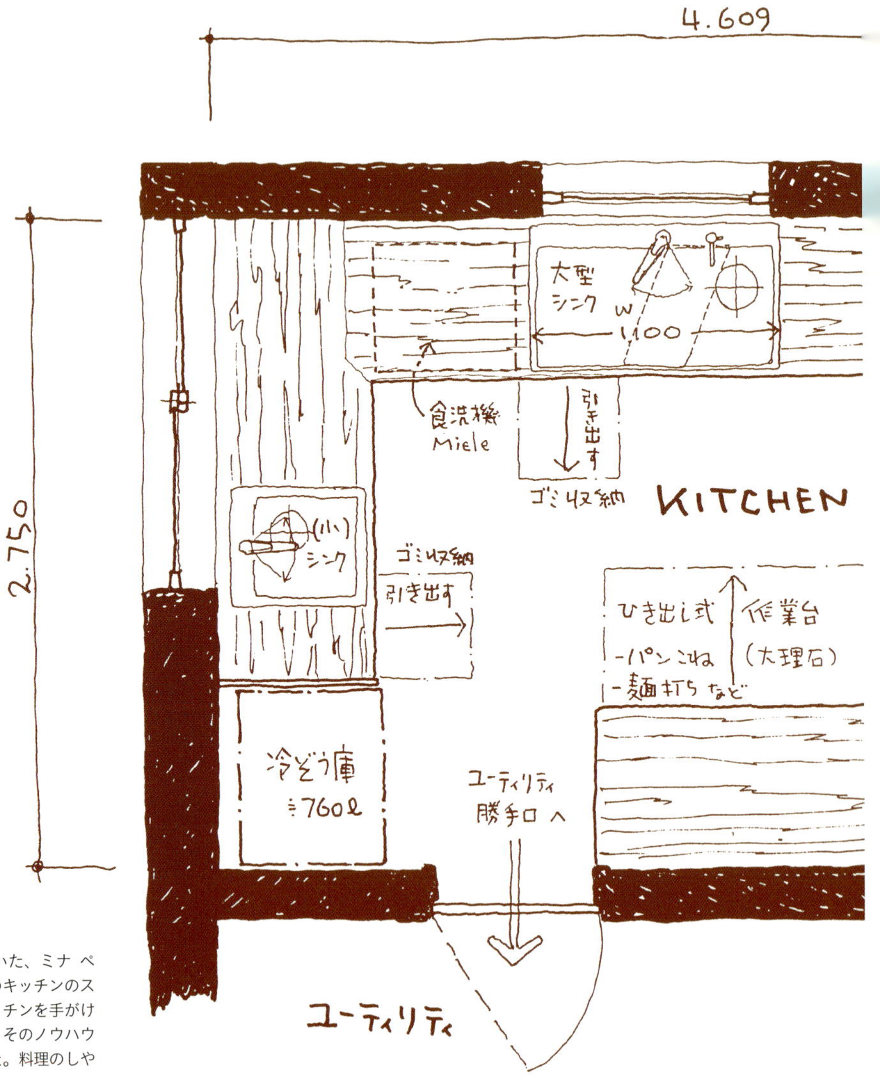


中村好文さんが描いた、ミナ ペルホネンの保養所のキッチンのスケッチ。数々のキッチンを手がける中村好文さんが、そのノウハウを隅々まで生かした。料理のしやすさだけでなく、食器の収納、ダイニングとのつながり、空間の雰囲気などへの配慮もきめ細かい。

緑深い山のふもとに、ミナ ペルホネンの保養所があります。
日本のモダニズム建築の先駆者、吉村順三が設計した建物をリノベーションしたのは中村好文さん。
新しいキッチンは皆川さんが料理をする情景を思い描きながらデザインされました。

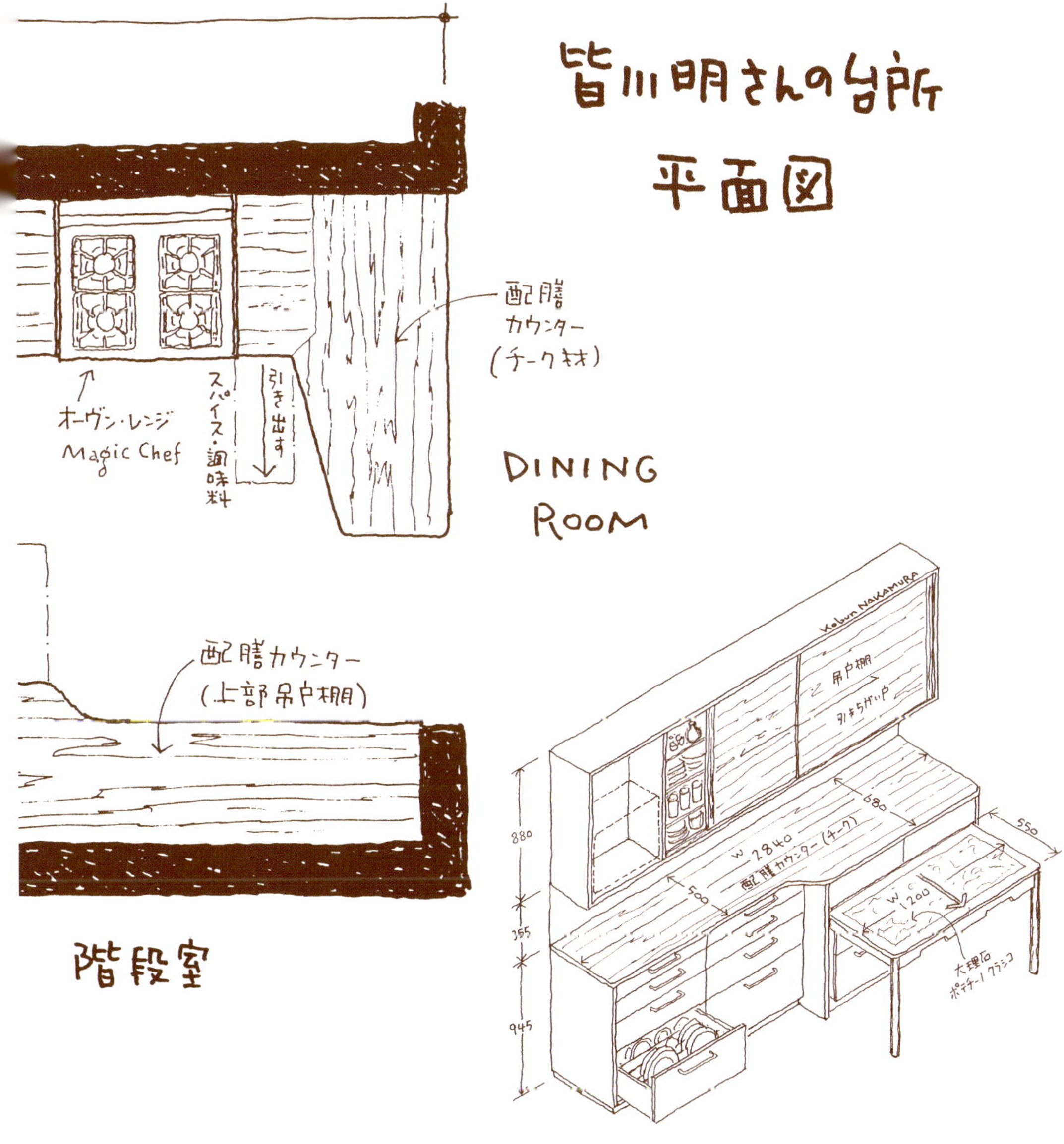

## 中村好文

**なかむらよしふみ**　1948年千葉県生まれ。武蔵野美術大学卒業後、設計事務所などを経て1981年にレミングハウスを設立。住宅の設計を主に手がける。著書も多く、現在は料理に関する書籍を執筆中。

# 皆川さん、好文さん、
# どんなキッチンが好きですか？

**1** ビルトインのオーブンだけは既存の設備。この高さに合わせてキッチン全体の天板の高さを決めた。**2** まな板はシンクに斜めに渡し、切ったものはシンクのボウルの中へ。この角度は包丁が使いやすい。**3** ダイニングスペースは窓が多く風通しも良好。**4** 玄関とキッチンを結ぶ勝手口があり、大量の食材を運び入れやすい。扉の形は階段に合わせた。**5** ミナ ペルホネンの保養所〈hoshi＊hana 休寛荘〉。**6** ダイニングのペンダントランプも中村さんのデザインで、レール上を移動できる仕組み。**7** 以前は閉ざされていたが、リノベーションによってキッチンとダイニングが一体に。左のカウンターの天板の手前側が斜めなのは、空間を四角四面にしない工夫だそう。

〈hoshi＊hana 休寛荘〉と名づけられたミナ ペルホネンの保養所は、もともと建築家の吉村順三が設計した別荘だった。その建物が中村好文のリノベーションによって生まれ変わった。ミナ ペルホネンの社員が家族とも滞在するほか、皆川さんが友人たちに手料理をふるまうことも多い。リノベーションにあたり、皆川さんから中村さんにほとんど注文はなかったという。

――キッチンも〝おまかせ〟だったとか？

**中村** 以前からあったアメリカンサイズのオーブン以外、ほぼスケルトンにして、前とはまったく違うキッチンにしています。しかし任されたというのは試されたようなもので、ある意味怖かった。（笑）

**皆川** 好文さんが作るキッチンにいろんな工夫があるのは知っていたので、スケルトンにしてどうなるのか本当に楽しみでした。

**中村** 知り合って間もない頃、皆川さんが食材を持って事務所で料理を作ってくれたことがあったんです。最初に食器棚の中を見て、何を作り、どう盛りつけるかを考えていた。料理の手際もよく、食への関心の高さがわかりました。その情景が、キッチンを設計する時にいつも頭にありました。

**皆川** このキッチンは一連の動作がとてもしやすいように考えられています。まず勝手口は、靴を脱がずに買ってきた食材を冷蔵庫の前に置ける。シンクの上に斜めにまな板を渡しているのも、料理を作る流れに合っています。切ったものを下のボウルにサッと入れられます。

――キッチンとダイニングの間のカウンターの天板は一辺が斜めなのはなぜですか？

**中村** 動線がスムーズになるのと、すべて90度だと文字通り四角四面になってしまうからです。人や意識の動きを邪魔したくないし、かっちりしすぎるのは嫌なので。

**皆川** シンクのまな板も、斜めの線も、好文さんがご自身のキッチンで今まで使われてきた工夫ですよね。ここは〝いろんな工夫のオールスター〟ともいえるキッチンなんです。

**中村** 自分も料理が好きだから、使ってみて大丈夫なら「こうしませんか」と提案します。今回、初めてだったのは、こね台かな。パスタも打てるし、ピザも作れる大きさで、使う時だけ引き出せる。少人数ならここで朝ごはんを食べてもいいし、大人数の料理を作る時は下ごしらえの台になります。台所というくらいで、キッチンは台として使える面積が広いほど使いやすい。

**皆川**　夕食の後に、つまみながら一杯飲む時にもちょうどいい場所になっています。

――食器の収納スペースも目立ちます。

**皆川**　50人分の器がありますが、出し入れしやすい食器棚です。食器のほとんどは、この保養所のために陶作家の安藤雅信さんに作ってもらったもの。作風の特徴でもある歪みがあるお皿を、積むのではなく１枚ずつ縦にしまうことができるのも便利です。

**中村**　建物の使い道を考え、できるだけ大量の器を収納できるようにしました。ただし人にはクセがあり、どこに何を入れるか作り込みすぎると不自由になる。また個人住宅と違い、不特定多数が使う場所だということも意識しています。仕掛けが複雑で慣れないと使えないようではいけません。

**皆川**　ところで好文さんは、どうやって料理を覚えたのですか？

**中村**　最初に参考にしたのは伊丹十三の本でした。あとは檀一雄。『檀流クッキング』というすばらしい本があるんです。かっちりしたレシピは書いてないんだけれど、ニンニクを炒めるシーンなら匂いがしてくるくらい、文章がいきいきしている。

**皆川**　僕も檀一雄はよく読みました。あとは『四季の味』という雑誌。冷やしトマトみたいに簡単な料理も、ちゃんと合った器に盛りつけて紹介するんです。器と料理がセットだという概念をそこで学びました。

**中村**　料理を生かすも殺すも器次第ですもんね。そして、いい器なら料理が引き立つとは限りません。きれいすぎたり華美すぎたりすると、料理を盛る余地がない。器が料理より出すぎてはいけないんです。これは建築と住む人の関係にも、キッチンと使う人の関係にも当てはまる。キッチンは、人が動きやすい器じゃないと。

**皆川**　調理道具が見える場所にあって、食材が並んで、下ごしらえができて、そんな状態で景色が整うキッチンに惹かれます。

**中村**　このキッチンの天板は、チークをあまりオイルを塗らずに仕上げました。ウレタン塗装すると水や熱には強いけど、僕は木の質感を手で感じたい。こうした素材の使い方も、皆川さんの感覚とつながっていると思います。キッチンは他の部屋と違い、ものを生み出す工房だから、工房らしい活気が似合う空間であるべきなんです。

1

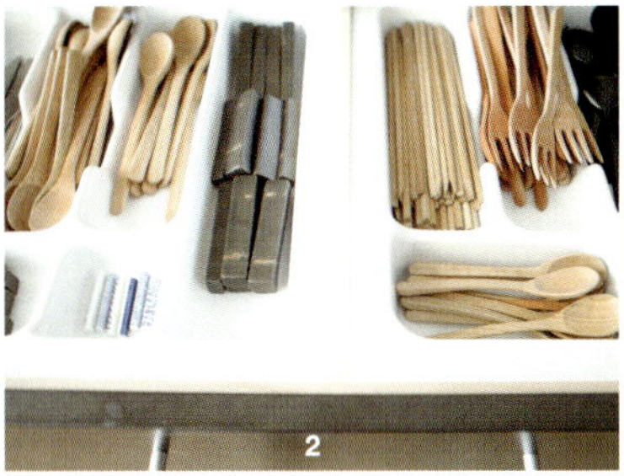
2

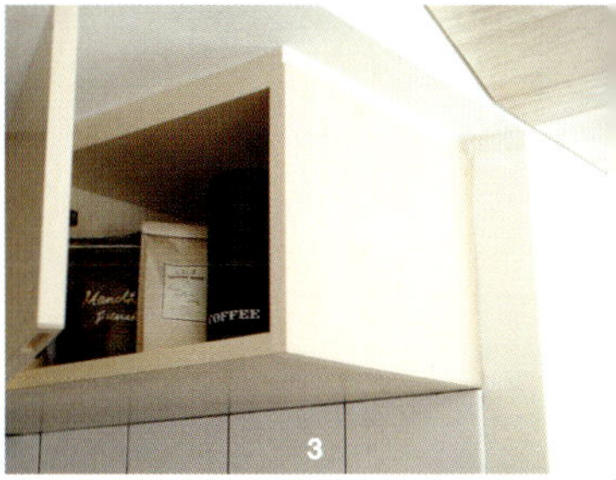
3

4

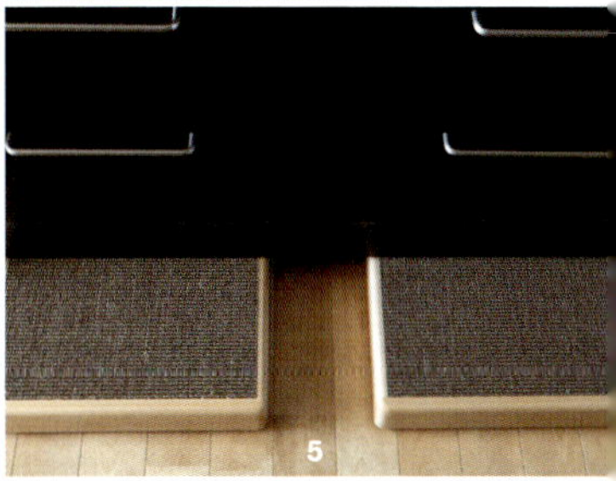
5

8

6

**1** 皿を縦に収納する食器棚は好文さんの得意技。油汚れなどが目立たないように、墨染めした木を棚に使っている。**2** 木のカトラリーは木工作家の三谷龍二によるもの。**3** 高い位置の収納棚は、扉の下に指をかけるくぼみがある。**4** 使う時だけ引き出せる〝こね台〟。天板に大理石を使った本格仕様。**5** オーブンに合わせてキッチンが高めなので、作業用の踏み台も用意した。キャスター付きで、上に立つだけで固定される。**6** リビングルームのある２階にも小さめのキッチンが。中央の吊り棚には、頭をぶつけないようにハンガーをつけた。**7** いちばん手に取りやすい位置には、頻繁に使う調理道具が並ぶ。**8** 丸いランプやアンティーク風のスイッチが愛らしい。

# リサ・ラーソンに学ぶ
# 北欧流、もてなしの工夫。

ラーソン一家が60年以上も通う、夏の家。休息の場所であり、
友人や客人とのパーティーや食事会で時を重ねてきた場所だ。
自分も大切な休息の家を作った皆川明さんが、北欧で
夏の家だからこそのリサ流のもてなし方を教わった。

北欧の涼しい夏では冷え込む日には暖炉をつけることもよくある。そんな時はこの暖炉前のテーブルがギャザリングの中心になる。

**リサ・ラーソン**

スウェーデンを代表する名窯グスタフスベリで多数のフィギュリンをデザイン。ユニークピースも作成する。2014年、日本で大規模な巡回展を開催。作品集多数。

**あちこちが特等席、**
**どこにも座れるスペースを。**

椅子のグループやベンチがあちこちにあるので、ちょっと立ち寄った近所の人と座って話し込むことによくなるそう。都会ではできない、予定外の客人と自然に始まる対話も夏の楽しみの一つという。

「いらっしゃい。また来てくれて嬉しいわ。フィーカ（お茶）の用意するから」と皆川さんを出迎えるリサさん。広いキッチンとダイニングがつながっているので、キッチンに入り込んだという感覚がないまま、すぐさまケーキの用意をしているリサさんと立ち話に。100年以上は経つ田舎家の暖炉を囲む一続きの空間なので、客人はあらたまって応接室に通されるわけではない。こういう自然なインタラクションが、休暇を過ごす家で気軽に客人を受け入れるのにちょうどいいという。「夏の家でのおもてなしのルールは気楽で楽しいってことよ。おもてなしで疲れていたら休暇に来ている意味がないでしょう？」というリサさん。キッチンから続く食事やパーティーの定位置、サンルームへは、キッチン側からも窓があるので、調理をしながらでも窓越しにみんなとおしゃべりができる。そして、あちこちにテーブルと椅子があり、その理由を聞いたら「陽の射し方やお天気次第でどこも特等席なのよ」と自然を満喫するための夏

**気に入ったうつわなら**
**気楽にミックス、がリサ流。**

長年買い足してきたうつわ。「ユーゲントの模様とか昔のグラスで手吹きのいいものとか、いい仕事をしている物を見つけては買い集めてきたので、統一性はないわね」と笑うリサさん。うさぎのうつわはスクルーフのリサさんのデザイン。

の家らしい答えが返ってきた。

食事時のルールも同じく、夏の家では作品の製作と家族や友人たちとの団欒のためにあるので、時間をかけた凝ったお料理はしない。お気に入りのデリで買ってきたニシンの酢漬け、スモークサーモン、エビのボイル、ミートボールに新ジャガさえあれば、あっという間に夏の立派なご馳走になる。ビュッフェ形式で盛りつけるので、ボウルや大皿が活躍する。各自が取り分けるのはラーソン家の定番、1968年にスティグ・リンドベリがデザインした赤と白のメラミン製のプレートに、旦那さんのグンナルさんが80年代にイケアのためにデザインしたカトラリー。「ロッピスというフリーマーケットで気に入って集めたうつわや、リサ自身のデザインも含め北欧デザインの代表作など、時代もスタイルも違ううつわをどんどん合わせて使ってしまう。その気軽なスタイルがリサらしくて素敵です」という皆川さん。「そして必ず、庭に咲く花を、雑草なども含めてさりげなく活けてありま

**布は使って洗って**
**年季の入った感じが良い。**

カラフルな布がたくさんある棚や、キッチンやバスルームのタオル類も、何度も洗ってお日様にあたった日焼け感や色落ち感が、何とも気持ちのいい手触りと風合いを出している。

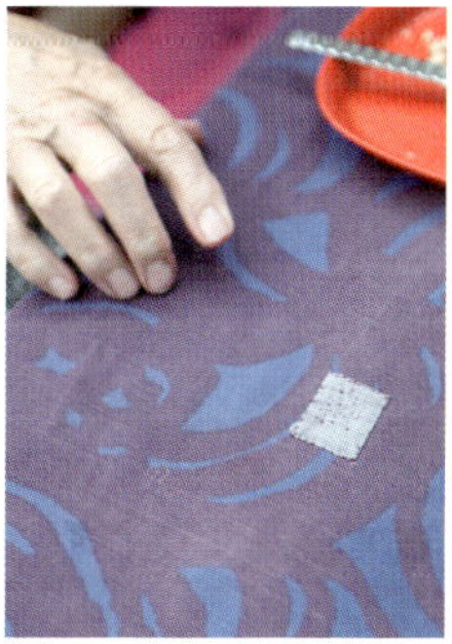

すね」

昔からパターンや色のきれいな布が好きと言うリサさん。テーブルクロスもたくさん持っている。「その時々のマイブームがあるので、気に入った物はストックホルムの家と行ったり来たりすることも。でも基本的には古い物はかりね」。リサさんの妹のテッティさんはファッションデザイナーなので、リサさんのカラフルなファッションや布のコレクションは妹からのお下がりも多いという。皆川さんは「リサはソファの布カバーやクッションなんかも縫ってしまう。テイストはエスニック調だったり、ポップな柄だったりとさまざまなのに、すべてがスコーネの田舎屋に溶け込んでいて素敵です」と感心する。

この日のお茶のテーブルクロスは、マリメッコ社が前身のプリンテックス社から名前を改名する1951年の前の、わずかな期間だけ生産されたマリカンガス・マリテキスタイル時代の布。洗いざらしの風合いも素敵だが、穴の開いてしまったところを、お

**日陰と日向を使い分ける。**

家の東と西の両サイドにそれぞれ広くとられた庭ではその日の気温と風向きで、お茶や午後のワインの場所もローテーションする。歳をとってきたのでガーデンチェアは運びやすい軽量の物にシフト中。

**笑顔もごちそう、人の集まる家。**

午後のお茶の時間のフィーカや食前のワインタイム、賑やかな食事会など、絶えず人が集まるラーソン家。静かな2人だけの日を夢見ながらも、その人柄とおもてなしに人々が絶えない。

かまいなしの布で繕っているところが愛らしい。

リサさんとグンナルさんが60年以上通うスコーネの村には、彼らが夏の間やってくるのを楽しみに待っている友人たちがたくさんいる。彼らが到着すると、村にはたちまち連絡が行き渡り、ご近所さんが庭の草刈りを手伝いに来たり、とれた野菜や焼きたてのパンを持って現れる。さらに3人いる子供たちが、それぞれ子供たちや友達を連れてやってくるのでいつも賑やか。日本からはるばる訪ねてきた皆川さんも2度目の夏。「来年はグンナルの90歳の誕生日パーティーをこの庭でするから、また来てね」と、どうやら定例になりそうな予感。というのも、その理由はリサさんの気取らないおもてなしがあまりにも心地よいので、また遊びに来たいと思わせるから。リサさんの唯一の悩みは、もっぱら友人たちとの楽しい時間が多すぎて、製作の時間がなかなかとれないことという。とはいえ、休暇の家だからそれでもいいのでは？

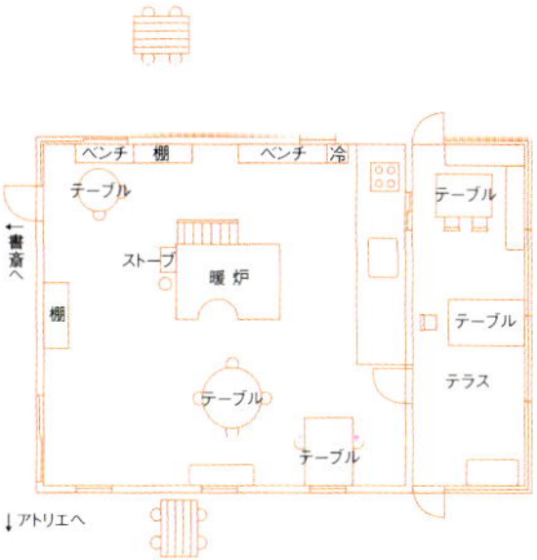


サマーハウスがあるのはスウェーデン南部スコーネ地方のエステルレーンという地域で、昔から美しい海と丘陵地帯で多くの芸術家に愛されてきた。買った当時は廃墟に近かったという農家を自分たちの手で長年改装してきた。

**皆川 明**
**みながわ あきら**

ファッションブランド、ミナ ペルホネン デザイナー。1995年に「minä（2003年より minä perhonen）」を設立。ストーリー性のあるオリジナル生地による服作りを進め、素材や技術の開発に注力する。近年では家具やテーブルウェアなどのインテリアデザインや、そのためのファブリック開発も精力的に行う。

この本は雑誌『カーサ ブルータス』2012年1月号から2014年4月号に連載された「皆川 明の今日のまかない」に加筆・修正を加え、新たに取材した記事を合わせて構成しています。



CASA BOOKS

# 今日のまかない

**著者・皆川 明**

**■2014年9月10日　第1刷発行**

発行人　石﨑 孟
編集人　松原 亨

発行所　株式会社マガジンハウス
〒104-8003 東京都中央区銀座3−13−10
受注センター ☎049·275·1811
カーサ ブルータス編集部☎03·3545·7120
印刷・製本　凸版印刷株式会社


2014 Printed in Japan
ISBN978-4-8387-2713-1　C0095

写真　泊昭雄
机宏典（P.170-177）
木寺紀雄（P.170-177）
イラスト　皆川 明
中村好文（P.162-163）
取材・構成　佐野香織
土田貴宏（P.162-169）
横山いくこ（P.170-177）
デザイン　林 しほ（cap）
村手景子（cap）
滝澤芽衣子（cap）
小泉桃子（cap）
マップ　尾黒ケンジ（P.177）
取材マネージメント
新田華子（ミナ ペルホネン）
金子尚子（ミナ ペルホネン）
岡部祥子（ミナ ペルホネン）
校正　泊真二
編集　佐野香織

■ マガジンハウスホームページ　http://magazineworld.jp
■ カーサ ブルータスホームページ　http://casabrutus.com